Reportáž, psaná na oprátce

绞刑架下的
报告

〔捷〕伏契克 —— 著
Julius Fučík

蔡晓光 —— 译

Julius Fučík
REPORTÁŽ, PSANÁ NA OPRÁTCE
据 Torst, Praha, 2016 版译出

图书在版编目（CIP）数据

绞刑架下的报告 ／（捷克）伏契克著 ；蔡晓光译 .
北京 ：人民文学出版社 ，2025． -- ISBN 978-7-02
-019513-8

Ⅰ．I524.55

中国国家版本馆 CIP 数据核字第 2025LQ7241 号

责任编辑	刘　彦	
装帧设计	刘　远	
责任印制	王重艺	

出版发行　人民文学出版社
社　　址　北京市朝内大街166号
邮政编码　100705

印　　刷　三河市中晟雅豪印务有限公司
经　　销　全国新华书店等

字　　数　87千字
开　　本　787毫米×1092毫米　1/32
印　　张　6.5　插页1
印　　数　1—4000
版　　次　2025年9月北京第1版
印　　次　2025年9月第1次印刷

书　　号　978-7-02-019513-8
定　　价　62.00元

如有印装质量问题，请与本社图书销售中心调换。电话：010-59905336

目　录

附录

前　言

　　1943年春，3月底4月初，布拉格的庞克拉茨盖世太保监狱里，一名捷克共产党员决定动笔写一部关于人的报告。6月9日夜里，他匆匆写完了一百六十七页手稿的最后一页，第二天就被押往德国，8月25日在柏林的人民法庭被宣判死刑，9月8日在柏林的普鲁岑湖监狱被害。

　　1945年5月底，他的妻子从被解放了的柏林拉文斯布吕克集中营返回布拉格；6月，她得到消息，开始收集丈夫遗留下来的手稿；10月，这本《绞刑架下的报告》（以下简称《报告》）出版，先是在本国引起了巨大反响，而后又被翻译成八十余种文字，成为捷克历史上流传最广泛的书。1995年，捷克发行了《报告》的第四十版，这是《报告》的第一个全文评注版（后文简称95评注版），也就是你手上这个新译本基于的版本。

这名捷克共产党员叫尤利乌斯·伏契克（1903.02.23—1943.09.08），除了捷共第二地下中央核心成员之一的身份，他还是一名记者、编辑、文学和戏剧评论人，从中学起就开始给杂志供稿，二十五岁成为杂志主编，是捷克三十年代先锋文化的重要人物；会说俄语和德语，曾经游历四方、广交朋友。

两个月的时间、不自由的环境，让他的故事写得很短，甚至在最后，不得不放弃了许多之前还抱着希望能写出来的情节。但实际上，这个故事很长，在他离开人世之后也仍在继续。这个新译本，就是想来说说这个故事，愿它能让你见到一位不一样的捷克民族英雄，一名真正的共产党员。

愿这个新译本能让你见到为了美好未来而奋斗的几代人，无论他们是什么民族、什么身份，走向了怎样的人生结局。还有最重要的，愿你能从中看到人类的希望，成为一个热爱生活、勇敢正直的人。

绞刑架下的报告

– 耶夫* –

1943年春于庞克拉茨盖世太保监狱

---

* "耶夫"（Jef）是伏契克战前发表文章常用的笔名之一。

规规矩矩地坐着，身体僵直，双手紧贴膝盖，双眼平视佩切克宫"直属监狱"的污黄墙壁，直瞪到发花——说实在的，这不是最方便思考的姿势。但又有谁能强迫思想，让它也规规矩矩地坐着不动呢？

曾经有人——何时何人大概是永远也查不清了——给佩切克宫的这个"直属监狱"起名叫"电影院"。绝妙的点子！宽大的房间，六条长凳一排接一排，上面坐着候审者们僵直的躯体，面前一堵空墙宛如银幕。他们在这里等待着新的审讯、折磨和死亡。从他们的眼睛里投射到这片空墙上的电影，比这世间所有制片厂能拍出来的还要多。电影里上映着人们一生的概况，也上映着细枝末节；有母亲、爱人、孩子，有被毁掉的家园和消失了的存在；有英勇的同志们，也有背叛；有我曾交托这些纸张的人，有再次流淌的鲜血，以及做出承诺时紧握着我的那只手。电影里充满了惊恐与决心，仇恨与爱，焦虑与希望。在这里，人人都已背离了生，每天都在亲眼看着自己慢慢死去。并不是每个人都能重获新生。

我曾在这里上百次地看过自己的影片，上千次地重温了它的细节，现在我要试试看，一口气把它讲出来。如若未待我讲完，绞索便已收紧，自有千百万留在世间的人，去写完它那"幸福的结局"①。

---

① 原文为英语。

第一章　二十四小时

再过五分钟就要敲十点了。1942年4月24日，一个美丽而温润的春夜。

我匆匆走着，在跛脚老头这个角色允许的范围内紧赶慢赶，好能在楼门上锁前赶到耶林尼克夫妇家。我的"副手"克列仓在那里等我。我知道，他这次不会有什么大事要告诉我，就连我也没什么要和他说的，但不去赴约可能会带来恐慌——最重要的是，我不想给我们那两位好心肠的主人带来无谓的担忧。

他们用一杯茶来欢迎我。克列仓已经到了——此外还有弗里德夫妇。又是一次不谨慎的行动。同志们，我很高兴见到你们，但不是照这样全聚在一起。这可是条通往监狱和死亡的近路。请你们要么遵守秘密工作守则，要么就停止工作，因为这样你们会给自己带来危险，还会连累他人。你们不是都知道的么？

"知道的。"

"你们带了什么东西给我？"

"五月号的《红色权利报》。"

"真不错。那你呢，米列克①？"

"就那样。没什么新鲜事。工作进展得还不错……"

"好，那就这样。我们五一节后再见。具体的我会再通知。再见！"

"再喝杯茶吧，首长先生！"

"不了，不了，耶林科娃太太②，这儿的人太多了。"

"就一小杯，您请。"

新斟的茶水上升起热气。

---

① "米列克"是伏契克在地下工作中的助手雅罗斯拉夫·克列仓的化名。

② 捷克妇女的姓名通常是在父亲（出嫁前）或丈夫（出嫁后）的姓后加上阴性后缀（-ová）或改为阴性词尾（例如 -ý 变为 -á）。为了尊重史实和保留女性的真实姓名，本书中全部按原文音译。这里的"耶林科娃太太"指的是耶林尼克的妻子。

有人按门铃。

现在，三更半夜？会是谁？

来访者们没什么耐心。响起一阵砸门声。

"开门！警察！"

快去窗户那儿！快逃！

我有枪，我掩护你们。

迟了！窗下站着几个盖世太保，手枪对着房间。便衣们穿过砸开的门，从楼道拥入厨房，再到正室。一个、两个、三个，九个男人。他们没看到我，因为我正站在他们的背后，在推开了的房门后面。我可以不受干扰地开枪。但九支手枪指着两名妇女和三个手无寸铁的男人。要是我开枪，他们会比我先倒下。就算我只是开枪自杀，也会引发乱枪，而他们会成为牺牲品。要是我不开枪，他们会坐上半年牢，也许一年，革命会把他们活着解放出来。只有克列仓和我出不来，他们会折磨我们——从我这里他们捞不到什么，从克列仓那里呢？这个人，他在西班牙战斗过，在法国集中营里熬过两年，正打着仗的时候从法国一路秘密潜回布拉格——不会的，这样的人一定不会叛变的。我有两秒的时间用来斟酌。要么是三秒？

开枪的话，我什么也拯救不了，只能让自己免遭折磨，但四个同志会为此白白丧命。是么？ 是的！

决定了。

我从藏身处走了出来。

"啊，还有一个！"

照脸上的第一拳。也许这拳本该把我打晕。

"举起手来！ "①

第二拳。第三拳。

就和我预想的一样。

收拾得堪称楷模的屋子，已然变成一堆凌乱的家具和破碎的玻璃。

继续拳打脚踢。

"走！ "②

他们把我塞进小汽车。手枪一直对着我。路上就开始审讯了。

_____

① 原文为德语。

② 原文为德语。

"你是谁？"

"教师霍拉克。"

"你说谎！"

我耸耸肩。

"坐好，不然我开枪了！"

"您开吧！"

代替枪弹打过来的不过是拳头。

我们路过一辆电车。我感觉它好像装饰着白色的缎带。是婚礼电车？现在？深更半夜的？也许我开始发烧了。

佩切克宫。我曾以为自己永远也不会活着迈进这里。现在一路小跑着上到四楼①。啊哈！著名的II-A1:反共科。我感觉我甚至好奇了起来。

那个率领突袭小队的瘦高个子警长把手枪放进口袋，带我进了他的办公室。他给我点上一支烟。

"你是谁？"

----

① 捷克的楼层编号从零开始，这里的四楼相当于我国的五楼。后同。

9

"教师霍拉克。"

"你说谎！"

他腕上的表指着十一点。

"搜身！"

开始搜身。他们脱掉了我的衣服。

"他有证件。"

"名字是？"

"教师霍拉克。"

"核对一下！"

通电话。

"自然是没登记。假证。"

"谁给你的证？"

"警察局。"

一棍子打了下来。二。三。一定要数么？这个数字，伙计，你再也不会写到什么地方去了。

"叫什么？说！住哪儿？说！和谁联络？说！联络点在哪儿？说！说！说！不说就打死为止！"

一个健康的人能撑过大概多少下棍棒呢？

收音机播报零点。咖啡馆陆续关门，最后的顾客们返回家去，恋人们在门口流连，难舍难分。瘦高个子警长走了进来，脸上挂着愉快的笑：

"还好吧 —— 编辑先生？"

谁告诉他们的？耶林尼克夫妇？弗里德夫妇？他们甚至都不知道我的名字。

"你瞧，我们什么都知道。说吧！别傻了。"

专门的词汇！别傻了就等于出卖。

我就是傻。

"捆上。加码！"

一点。最后的电车驶回总站，街头渐渐空荡，广播向它最忠实的听众们敬祝夜安。

"还有谁是中央委员会成员？电台都在哪儿？印刷所都在哪儿？说！说！说！"

现在我已经又能安静地给棍棒计数了。唯一的，我还感觉得到的疼痛，来自咬烂的嘴唇。

"把鞋脱了！"

确实，脚还没麻木。这我感觉得到。五、六、七，现在棍子仿佛直接打进了脑髓。

两点。布拉格在沉睡，也许什么地方有孩子在梦中咿呀，男人抚摸着女人的腰身。

"说！说！"

我用舌头在嘴里转着，试图数清被打掉的牙齿。数不出来。十二？十五？十七？不，这是在这儿"审讯"我的警官的数目。有几个已然露出疲态。而死亡却迟迟不来。

三点。清晨从四郊而来，菜贩前往集市，清洁工走上街头。或许，我还能再等来一个黎明。

他们带来了我的妻子。

"认识他吗？"

我把血咽了下去，好别让她看到 —— 这大概挺傻的，毕竟我满脸都是血，连指尖也一样。

"认识他吗？"

"不认识！"

她这样回答，甚至连眼神都没有流露出一丝心中的惊恐。金子般的人！她恪守了约定，任何时候都不承认她认识我，尽管现在这已然无济于事了。到底是谁告诉了他们我的名字？

他们把她带走了。我尽力用最快乐的目光和她告别。不过，也许这目光一点也不快乐。我不知道。

四点。天亮了吗？还是没有亮？被蒙上了的窗户没有回答。而死亡还是不来。得要我自己前去迎它么？要怎么去呢？

我打了谁一下，然后跌倒在地上。他们踢我，在我身上乱踩。是的，就是这样，这样很快就要结束了。一个穿黑衣服的警官抓着我的胡子把我拽了起来，满意地笑着，给我展示一大把揪下来的胡子。这就是出喜剧啊。我已经完全感觉不到疼痛了。

五点，六点，七点，十点，中午，工人们上班又下班，孩子们上学又放学，店里做着生意，家里煮着饭，也许妈妈现在正想着我，也许同志们已经知道我被捕了，也许他们已经在采取安全措施……万一我招了呢……不，别害怕，我不会的，相信我吧。终点应该是不远了。这一切已经不过是梦，发烧时的噩梦，棍棒落下，然后是凉水，然后又是棍棒，又是"说！说！说！"而我还是没能死掉。

妈妈，爸爸，你们为什么要把我生养得这么结实啊？

下午了。五点了。他们一个个的都累了。棍棒现在已经非常稀疏，隔许久才打一下，已然只是出于惯性。忽然从远方，从无限远的地方，响起一个温和轻柔、爱抚一般的声音：

"够啦！"①

然后我坐着，眼前的桌子落下又升起，有谁给我水喝，有谁递烟给我，我捏不住，有谁尝试给我穿鞋，又说已经穿不上了，然后他们把我半搀半拖地带下楼梯，塞进小汽车，汽车发动了，又有人拿手枪对着我，我觉得这简直好笑，我们路过一辆电车，车上装饰着白色的花朵，婚礼电车，但这一切或许都只是场梦，或许只是发烧或是濒死，或许就是死亡本身。死亡之路本该艰难沉重，但这一切却已经不再沉重，毫无沉重可言，轻飘飘的，就像根羽毛，只要再呼出一口气，一切就都过去了。

过去了吗？还没有，依然没有。毕竟现在我又站着

---

① 原文为德语。

了，真的，站着，自己站着，没有别人搀扶，我眼前是一堵污黄的墙，近在咫尺，上面沾着些 …… 是什么？好像，是血 …… 是的，是血，我抬起手指试图去抹它 …… 抹着了，还是新鲜的，是我的血。

有谁从背后打我的头，命令我抬起胳膊做下蹲的动作，到第三个时我倒了下去 ……

一个高个子党卫队员站在我身边，踢了我几下，想把我踢起来；真是白费功夫；又有谁向我泼水，我坐起来了，有个什么女人递药给我，问我哪儿疼，这时我觉得，我全部的疼痛都在心上。

"你没有心。"高个子党卫队员说。

"啊，我有心的。"我回答说，心中忽然涌起一阵自豪：我还有足够的力气，可以来捍卫自己的心。

然后一切又都消失了：墙、拿药的女人，还有那个高个子党卫队员 ……

现在我面前是敞开的牢门。一个肥胖的党卫队员把我拖了进去，脱掉我那破碎的衬衫，把我放到草垫上，检查了一下我肿胀的身体，吩咐冷敷。

"你来看,"他对另一个人说,一边摇着头,"看看他们下的狠手!"

然后又是从远方,从无限远的地方,我听见一个温和轻柔、爱抚一般的声音:

"撑不到早上了。"

五分钟后,敲了十点。1942年4月25日,一个美丽而温润的春夜。

第二章　临终之路

当日月之光辉于我们

越来越弱，越来越弱……

两个男人，双手低垂交叠，拖着沉重而缓慢的脚步，在白色的教堂地下室里一前一后地绕着圈，用拉长的、不和谐的声调吟唱着悲哀的圣诗。

这亲爱的灵魂往上

升向天国，升向天国……

有谁死了。是谁呢？我试着转动脑袋。也许我会瞥见装着死者的棺椁和两根竖在那儿闪烁的蜡烛。

> …… 那里黑夜不再降临
>
> 时时处处光明洒落 ……

成功动了的只有眼睛。没看到别人。这里没有别人 —— 就他俩和我。这是在给谁唱挽歌呢？

> …… 那颗晨星永恒照耀
>
> 耶稣圣者，耶稣圣者 ……

是葬礼。绝对是葬礼。是在葬谁呢？这儿有谁呢？就他俩 —— 和我。和我！或许，这是我的葬礼？可是，人们哪，请听我说，这是个误会！我明明还没有死。我还活着。你们明知道我正看着你们，还和你们说着话。停下！别埋葬我！

> …… 当长辞之人向我们

最后别过，最后别过……

　　他们不听。是聋了么？要么是我的声音不够大？或许我真的死了，而他们听不见这不是从肉体里发出的声音？我的身体就趴在这儿，而我在亲眼看着自己的葬礼？真是滑稽。

　　……调转自己炽热的目光
　　望向天国，望向天国……

　　我想起来了。有谁费力地扶我起来，穿上衣服，然后他们用担架抬着我，钉了铁掌的靴子在走廊里响过，然后……就这些了。更多的我已经不知道了。记不起来了。

　　……那处光明永驻之所……

　　但这一切都那么荒谬。我活着。我感到某种隐隐的疼痛，还有口渴。死人是不会口渴的。我集中全身的力气，试图动一下手。某种陌生的、不自然的声音从我身体里冲了出来：

"水！"

终于，那两个男人停止了转圈。现在他们朝我俯下身来，其中一个扶起我的头，把水罐送到我嘴边。

"伙计，你还得再吃点什么呀。都两天啦，你就光是喝水，喝水……"

他跟我说什么？都两天了？今天星期几？

"星期一。"

星期一。我是星期五被捕的。脑袋沉成这样！水又这么清凉。我想睡！就让我睡吧！一滴细雨落下，弄皱了一汪清泉。我知道，这山间草地里的泉水，就在罗克兰山的山脚下，护林人小屋旁。蒙蒙细雨在针叶林间沙沙作响……这睡眠多么香甜啊……

……再次醒来，是星期二的晚上了。我边上站着条狗。狼狗。它垂下美丽聪慧的眼睛审视着我，问道：

"你住哪儿？"

啊，不，问话的不是那条狗。声音出自别处。是的，旁边还站着谁，我看见了一双高筒靴，还有另一双高筒靴加军裤，再往上我就看不清了。一想往上看，头就发晕。唉，看到又怎样呢，就让我睡吧……

星期三。

那两个吟唱诗篇的男人现在坐在桌旁，从小陶碗里吃着东西。我已经能分辨他们了。一个年轻些，一个老些，他们看起来也不像是修士。就连教堂地下室也不再是教堂地下室了，它就是间牢房，和别的牢房没什么两样，木头地板顺着我的视线延伸出去，尽头是一扇沉重、灰暗的门。

锁孔里响起了钥匙声，那两个男人跳起来，立正站好。两个穿党卫队制服的人走进来，命令给我穿上衣服——以前我还真不知道，有这么多的疼痛偷偷藏在每条裤腿、每条袖管里——他们把我放上担架，顺着楼梯抬到楼下，钉了铁掌的靴子在走廊里一路响过……那么，这就是那条他们曾抬着我走过一次的路了，那次抬到地方时我已经失去了知觉。这条路通向何方？终点又是怎样的地狱呢？

终点是庞克拉茨警察监狱①昏暗阴森的犯人登记室。他们把我放到地上，一个假装和善的捷克声音翻译着咆哮出来的德语问题：

"认识她吗？"

我用一只手撑起下巴。担架前站着一位年轻的宽脸膛姑娘。她骄傲地、昂首挺胸地笔直站着，不是出于对抗，而是出于高贵，只有目光微微低垂，垂到刚好能看见我并用它来向我问候的程度。

"不认识。"

我想起来了，我曾见过她一次，也许是在佩切克宫那个狂野的夜里，瞥见过一眼。现在是第二次。唉，永远也不会有第三次了，再不能让我为了她这高贵的姿态而握一握她的手。她是阿诺什特·洛伦茨的爱人。1942年戒严的头几天里，她就被处决了。

"但这一个你肯定认识。"

安妮奇卡·伊拉斯科娃！天哪，安妮奇卡，您是怎么

---

① "警察监狱"原文为德语。

落到这里来的？我没有说出您的名字，您和我什么关系都没有，我不认识您，您明白么，我不认识您。

"不认识。"

"你这个人，别傻啦！"

"不认识。"

"尤拉①，没用了。"安妮奇卡说，只有捏着手绢的指端微微颤动，泄露出她内心的激动，"没用了。已经有人指证我了。"

"是谁？"

"闭嘴！"有谁打断了她的回答，然后，当她弯下腰向我递过手来时，猛地把她推开了。

安妮奇卡啊！

我已经听不清更多的问题了。只是远远地、毫无痛苦地、仿佛只是在一旁观望似的，我感觉到两个党卫队员又把我抬回牢房，他们粗暴地荡着担架，一边笑着问我，是不是更乐意被挂着脖子荡。

---

① "尤拉"是伏契克的名字"尤利乌斯"的昵称，此外伏契克的朋友们也经常叫他"尤列克"，同样是昵称。

周四。

我已经开始认人记事了。我的难友中那个年轻些的，叫作卡雷尔，他管另一个年纪大些的叫"老爹"。他们给我讲了些自己的事，但我脑袋里全给乱作一团，有个什么矿井啦，孩子们坐在长凳上啦，我听见敲钟，也许什么地方着火了，据说医生和党卫队的助理医师每天都来看我，据说我的情况没那么糟糕，据说我还会再成为一条汉子。这么说的人是"老爹"，他的语气那么急迫，而卡尔利克①也用那么热烈的腔调来附和，以至于我就算身体状况成了这样，还是能觉察到他们有多想编造善意的谎言。多好的伙伴哪！可惜，我没法相信他们。

下午。

牢房门开了，一条狗静悄悄地踮着脚尖溜了进来。它停在我头边，再一次用审视的目光打量着我。又是两双高筒靴——现在我已经知道了：一双属于狗的主人，庞克拉茨监狱的监狱长；另一双属于主持夜审我的盖世太保反共

---

① "卡尔利克"是"卡雷尔"的昵称，即第三章中即将介绍的卡雷尔·马列茨。

科科长——还有一条便服裤子。我顺着这条裤子向上看去——是的，我认识他，就是那个率领突袭小队的瘦高个子警官。他往椅子上一坐，开始审讯：

"你已经输啦，至少保住自己吧。招了吧！"

他递过一根烟。我不想要。受不起。

"你在巴克萨他们家住多久啦？"

巴克萨家！连这也知道了！谁告诉他们的呢？

"喏，你瞧，我们什么都知道。招了吧！"

既然你们什么都知道，还要我再招什么？我的一生没有白过——晚节我当然也不会自毁。

审讯持续了一个小时。他们没有咆哮，而是耐心地重复着问题。一个问题得不到回答，就提出第二个、第三个，第十个。

"你怎么就认不清呢？已经结束了，明白吗？你们已经全输啦！"

"只有我一个人输了。"

"到现在你还相信公社会胜利？"

"当然。"

"他还相信？"科长用德语问，高个子警官给他翻译，"他还相信俄国会胜利？"

"当然。不会有别的结局。"

我已经累了。我一直集中着全部的力气来保持警惕，而现在，意识就像从深深的伤口中流出的血那样，在飞速地流失。临了我还感觉到他们向我伸过手来 —— 也许他们在我的额头上读到了死神的印记。真的，在某些国度甚至有过这样的习俗：行刑前，他们要先亲吻犯人。

晚上。

两个男人，双手交叠，一前一后地绕着圈，用拉长的、不和谐的声调唱着悲哀的歌：

当日月之光辉于我们

越来越弱，越来越弱……

啊，人们哪，人们哪，停下吧！也许这是支美丽的歌，可是今天，今天是五一节的前夕，人类最美丽、最快乐的庆典的前夕啊！我试着唱点快乐的歌，但可能听上去更加悲伤，因为卡尔利克掉转身去，而"老爹"抹着眼睛。不管，我不会让步的，我继续唱着，慢慢地他们也加入了进来。我满意地睡去了。

五一节清晨。

监狱小钟楼敲过三点。直到现在我才第一次清楚地听见了钟声。从被捕算起，直到现在我才第一次完全清醒。我感到清新的空气从打开的窗户流淌进来，在我的草垫周围铺开；我感到麦秸挤压着我的胸膛和肚子，浑身上下处处疼痛万分，呼吸困难。突然，就像一下子推开窗户那样，我看清楚了：这就是终点了。我就要死了。

死亡啊，过了这么久，你才到来。我确实曾期望过多年后再与你相逢；期望再过上自由人的生活，再多多地工作、多多地爱、多多地歌唱和漫游世界。无论如何，我才刚刚步入壮年，还有很多很多的力气。但现在，我已经一点力气也没有了。我已经在咽最后几口气了。

我爱生活，为了它的美，我投入了战斗。我爱你们，人们，当你们同样以爱回应时，我感到幸福；当你们未能明了时，我心中苦痛。我伤害过的人，请你原谅；我安慰过的人，请你忘怀！愿悲伤永远不要与我的名字相连。这就是我的遗嘱，给你们，爸爸妈妈和妹妹们；给你，我的古斯蒂娜①；给你们，同志们；给所有我曾与之共度欢乐时光的人。如果你们觉得眼泪可以洗却思念带来的哀伤，那就哭上片刻吧。但请别长悲。我为欢乐而生，现在亦为欢乐而死，如果你们在我的墓前摆上哀恸的天使，那将是对我的不公。

五月一日！往年此时，我们已在城郊各处起身，准备着自己的旗帜。往年此时，莫斯科街头已经出现了五一检阅的先头方阵。而如今，此时此刻，千万人正在为人类的自由进行着最后的斗争，许多人正在战斗中倒下去。我也是其中的一个。身为其中之一，身为最后战役中的一名战士，这是多么美好啊！

可死亡之途并不美好。我觉得窒息，呼不出气。我听到自己喉咙里呼哧作响，这样会吵醒难友们的。也许用点水润润就好啦 —— 可罐子里的水全喝光了。那里，离我

---

① "古斯蒂娜"是伏契克夫人古斯塔的昵称。

仅仅六步远，在牢房角落的抽水马桶里，有足够的水。但我的力气还能支撑我到那里么？

我向那边爬去，轻轻地，很轻很轻地，仿佛死亡的全部荣耀就在于我能不吵醒任何人，我爬到了，贪婪地喝着马桶底部的水。

我不知道，这一切用了多久，也不知道，爬回来又用了多久。意识又在消失。我在自己手腕上寻找脉搏。什么也感觉不到。心高高地涌到了喉咙口，现在又在急剧地坠落。我也在随之坠落。久久地坠落。半途上我还听到了卡尔利克的声音：

"老爹，老爹，你听！这可怜的人，就要完啦！"

上午医生来了。

但这一切我是许久之后才知道的。

他来了，检查了一番，摇了摇头，接着返回医务室，把昨晚已经填好我名字的死亡登记单撕掉了，他以行家的口吻说道：

"这就是一匹马！"

第三章 267号牢房

七步从门踱到窗，七步从窗踱到门。

这我知道。

庞克拉茨监狱牢房的这段松木地板上，我已经踱过不知多少来回了！我曾经坐过牢，也许正是这一间，**那时是因为我过于急切地捍卫了苏台德地区德意志人的自治权，过于清楚地预见了捷克小市民们的民族政策会给捷克民族带来什么后果。**而现在，他们正把我的民族钉上十字架，牢房前的走廊上是**来自苏台德地区的看守**，外面的某个地方，瞎了眼的政治女神们又在纺着**报复和民族仇恨**的线。①

---

① 《绞刑架下的报告》第一版于1945年秋在捷克斯洛伐克发行。从第一版开始，正文若干处屡次被删改，直到95评注版恢复原样。（转下页）

人们得经过多少个世纪才能看穿这一切？前进之路上，人类已经不得不经过了多少间牢房？还得再经过多少？啊，聂鲁达的耶稣圣婴①，人类通往救赎的道路依然没有抵达终点。但是，请别再睡了，别再睡了！

七步过去，七步回来。一边墙上装着折叠式单人床，另一边墙上钉了暗淡的褐色小格，里面摆着陶碗。是的，这我知道。现在这里只是稍加机械化罢了，集中供暖，抽水马桶代替了粪桶——最主要的是人，这里的人机械化

（接上页注）本书中将重要的删改部分用黑体标出。某些不影响理解的小改动，不再特别标出。（例如第一版中古斯塔为了克列仓的家人，在所有出现他名字的地方都只用了代号"米列克"）。

　　此处从捷克语第一版起被改为："庞克拉茨监狱牢房的这段松木地板上，我已经踱过不知多少来回了！我曾经坐过牢，也许正是这一间，那时是因为我过于清楚地预见了灾难性政策的后果。而现在，他们正把我的民族钉上十字架，牢房前的走廊上是德国看守，外面的某个地方，瞎了眼的政治女神们又在纺着背叛的线。"

① 伏契克在这里援引了捷克作家扬·聂鲁达诗集《星期五之歌》中的《圣诞摇篮曲》。聂鲁达在诗中提到耶稣基督的牺牲："因为你教导兄弟之道 / 世界又把你推向苦刑 / 在人类的锁链断裂之前 / 还需要付出巨大的牺牲 / 安睡吧，耶稣圣婴，安睡。"而伏契克则呼唤圣婴："别再睡了，别再睡了。"

了。就像自动机器。一旦按下电钮，也就是说锁孔里响起钥匙声，或者监视孔被掀开——囚犯们就会跳起来，不管他们正在干着什么，都会跳起来排队立正，牢门打开，牢房室长一口气报出：

"立正！267号住三人一切正常。"①

是的，267号。我们的牢房。不过在这间牢房里，自动机器运转得不那么正常。跳起来的只有两个。那段时间里，我还趴在窗下的草垫上：一周，两周，一个月，一个半月——我仿佛重新出生了一回：脑袋能转了，手能抬了，身子能撑起来了，甚至能尝试翻过身来了……毫无疑问，写起来确实快，比经历起来快多了。

牢房也经历着变化。牢门上的标记从"3"换成了"2"。现在这里只剩我们两个了，卡尔利克，用悲歌埋葬我的两人中年轻些的那个，已经消失了，留在这里的只有对他那颗善良的心的回忆。其实我只在半梦半醒中见过他，仅仅

---

① "立正"原文为德语。"267号住三人一切正常"原文为捷克语字母拼写的德语，中间无标点。

是他在这里和我们共度的最后两天。他耐心地一遍又一遍地讲述着自己的故事，而我则一次又一次地在他讲述的半途就沉入睡眠。

他叫卡雷尔·马列茨，是个机械工人，在胡德利采附近某个地方的矿井开升降机，从那里带出国内斗争需要的炸药。他被捕已经快两年了，现在要去接受审判，也许是去柏林，一大群人去，谁知道结果会是怎样呢？他有妻子和两个孩子，他爱他们，非常非常爱他们——"可这是我的责任，你知道，我只能这么做。"

他时常在我身边一坐就是许久，强逼着想让我吃点东西。我吃不下。周六那天——难道我在这儿都八天了么？——他下定决心采取了最强硬的手段：汇报监狱管理员①，说我自打到了这里，这么长时间一丁点东西都没吃。监狱管理员，这个穿党卫队制服的庞克拉茨监狱助理医师，总是心事重重，不经他批准，捷克医生连片阿司匹林都不能开。这个监狱管理员亲自端来了一份病号汤，站在我旁

---

① "监狱管理员"原文为德语。后同。

边，监视着我喝完。卡尔利克对自己的干预成果很是满意，第二天他就自己动手了，往我肚子里倒进了一份周日的例汤。

但汤之后的就不行了。打烂的牙床连周日特供的炖牛肉里煮烂的土豆都嚼不了，肿胀的喉咙又咽不下任何稍微有点硬的东西。

"就连炖牛肉，炖牛肉他都不想吃。"卡尔利克埋怨道，在我身边悲哀地摇着头。

然后他就和"老爹"平分了我那份，狼吞虎咽地吃了起来。

唉，你们，你们这些不曾经历过1942年庞克拉茨监狱的人哪，你们不知道，也不可能知道，这炖牛肉是个什么东西！定期，就连在最糟糕的日子里也一样——那些日子里饥饿让肚子咕咕直叫，洗澡时出现的是些包着人皮的骷髅，那些日子里就连战友也至少用目光从自己同伴那份食物上偷下一口，搅着番茄萃取汁的令人作呕的干蔬菜糊都成了令人期盼的佳肴美味——就连这样最糟糕的时候，仍每周定期两次——周四和周日——杂役①们会在碗里敲下一大勺土豆，再淋上一小匙带那么几根肉丝的汤汁。它好吃得就像是奇迹，是的，但这还不仅是好吃的问题，它实实在在地唤起了对人间生活的记忆；在这个残酷的、不正常的盖世太保监狱里，它是某种文明的、正常的东西，人们说到它，话里都是甜蜜和快乐。——唉，又有谁能领悟到，这一小匙好汤汁，这由生命不断凋零的威胁来调味的汤汁，能有多高的价值啊！

过了两个月，我自己也理解了卡尔利克的诧异。连炖牛肉都不想吃 —— 再没有什么能如此清楚地向他证明：我已经离死不远了。

就在当天夜里，两点，他们把卡尔利克叫醒了。他得在五分钟内准备好启程，仿佛只是要他出去转一小圈，仿佛他面前并不是可能会直通生命尽头的路途，新的监狱、

---

① 在负责审讯的盖世太保总部佩切克宫和负责关押的庞克拉茨监狱，都有一部分犯人被用作"杂役"，承担一些辅助性的工作，比如分发食物、打扫卫生，甚至还有文档翻译。但这些"杂役"常常利用工作时更能自由活动的条件，悄悄做一些有利于地下工作的事情，比如传递口信和纸条、收集信息并在犯人中传播或传到外面去。"杂役"为德语单词，在《报告》中这个词交替使用德语拼写和德语发音捷克语字母拼写两种形式，后面不再逐个标出。

集中营、刑场，谁知道要去哪儿呢？临走前，他向着我的草垫低下身来，抱住我的头，吻我 —— 走廊上响起套着制服的奴才粗暴的叫喊，表示庞克拉茨监狱里不需要感情这种东西 —— 卡尔利克跑出门去，锁孔一阵响……

……然后牢房里就只剩我们两个了。

我们还会再见面么，伙计？下一次的离别又会是什么时候？我们这剩下的两个人，谁会先走？到哪儿去？又是谁来传唤他？穿党卫队制服的看守，还是不穿制服的死神？

现在我不过是写下了这些念头的回声，初次离别后，它们留下来陪着我们。时间已经过去了一年，这位伙伴离去时产生的念头常伴着或淡或浓的情感再次浮现。门上的"2"又变成了"3"，然后又变成了"2"，又是"3"，"2"，"3"，"2"，新的难友来了又去 —— 只有那两个，当初留在267号牢房里的那两个，依然忠诚地在一起，那就是：

"老爹"和我。

"老爹"是 —— 六十岁的教师约瑟夫·佩舍克，教师联合会会长，比我早八十五天被捕，因为他以草拟自由捷克学校改革提案的方式，"阴谋推翻帝国"。

"老爹"是——

可是，伙计，你要怎样才写得出来呢？这可不是个轻松活儿。两个人，一间牢房，一年时光！这段时间里，"老爹"这个称呼上的引号已经消失了；这段时间里，两个不同年纪的囚徒成了真正的父与子；这段时间里，我们互相交换了习惯和口头禅，甚至说话的腔调——今天你再瞧，哪些是我的，哪些又是老爹的，哪些是他带到牢房里来的，哪些又是我带来的！

他通宵达旦地守着我，用浸湿的白色敷布驱赶逼近我的死亡。他清洗我伤口里流出的脓血，丝毫不顾及自己，一直假装闻不到弥漫在我草垫四周的腐败气息。他把我那件碎成布条的可怜衬衫洗干净，拼凑了起来。这是我第一次受审的牺牲品。后来缝补已然无济于事，他就给我穿上了他自己的衣服。他给我带来雏菊和草茎，这是他趁早晨半小时的放风时间，在庞克拉茨监狱的院子里冒险采来的。他用充满爱意的目光伴我去接受新的审讯，再把新的敷布覆盖在我带回来的新的伤口上。每当我被带去夜审，他总是不睡，一直等到我回来，把我安置到草垫上，精心给我裹好毯子，才去睡觉。

这就是我们相处的开端，之后共度的时光也是一样，就算后来我已经能用自己的双腿站起来，偿还我作为儿子所欠下的恩情，也还是一样。

但照这样，想一口气就全部讲完，伙计，这是不成的。267号牢房在这一年间的生活是丰富的，它所经历的一切，老爹也都按着自己的方式经历了。这一点是必须说明的。而我的叙述还没到头呢。（这里面甚至带着点有希望的味道了。）

267号牢房的生活是丰富的。差不多每个小时牢门都会打开，有人进来检查。这是按规定对共产党重犯进行的严密监视，但其中也有纯粹的好奇。这里常常会死去一些本不必要死的人。而人人都认为必死最后却没死掉的，则非常少见。就连其他走廊上的看守们也会过来，聊上几句天，或者沉默着揭开毯子，内行地品味伤口，然后按各自的天性，开些冷嘲热讽的玩笑，或者发出友好点的腔调。其中有一个——我们开始叫他"吹破天"——他比别人来得更勤，常常满脸笑容地询问，这个"赤魔"是不是需要点什么。不，谢谢，他不需要。几天之后"吹破天"发现这个"赤魔"到底还是有需要的：得刮胡子了。于是他带来了刮胡子的人。

这是我在这里结识的我们牢房之外的第一个囚犯：鲍切克同志。"吹破天"的好心帮了倒忙。老爹托着我的头，鲍切克同志跪在垫子旁，努力地凭一把钝刀片在山毛榉树丛中开出一条道来。他的手在颤抖，眼里含着泪水。他相信他是在给一个将死之人刮脸。我尝试着宽慰他：

"胆子大一点，伙计，我既然撑过了佩切克宫的审讯，应该也能撑过你刮个脸。"

但力气确实就只有那么一点，只得时常停下歇一歇，他要歇，我也一样。

两天后我又认识了另两名囚犯。佩切克宫那边的警官先生们没什么耐心。他们传我去，因为监狱管理员每天都往传票上写"经不起运输"①，他们就下了命令，无论如何

————————

① 原文为德语。

39

也要把我运过去。于是两名穿走廊杂役制服的囚犯带着副担架站到了我们的牢房门前，老爹费力地给我穿上外套，同志们把我放上担架抬走了。其中一个是斯科舍帕同志，他后来成了整条走廊的周到大叔，另一个是……①。下楼梯时，我在倾斜的担架上往下滑，他向我低下身来，说：

"撑好！"

然后又放低声音补充道：

"撑住！"

这一次我们没在犯人登记室停留。他们抬着我继续前行，经过长长的走廊往出口去，走廊上满是人——周四，犯人亲属们来取换洗的衣服——他们都望向这场不太欢乐的游行，眼中含着同悲共苦的神情，这我可不喜欢。于是我把手挪到头边，握成拳头。或许他们会看见，并且明白我在向他们致意，或许这不过是个傻傻的手势，但更多的我还做不到，力气还不够。

到了庞克拉茨监狱的院子里，他们把担架放上载重卡

---

① 手稿上这里直接留出了大约可以填入一个名字的空白。

车，两个党卫队员坐到司机身旁，另两个把手按在打开的手枪枪套上，叉开腿站在我脑袋旁边——我们就出发了。不，道路实在不理想：一个坑，又一个坑——还没开出两百米，我就失去了知觉。这般驶过布拉格街头真是滑稽：定员三十名囚犯的五吨载重卡车，现在为了区区一名囚犯浪费着汽油，前头有两个党卫队员，后头还有两个，手里握着枪，用掠食者的凶狠目光紧盯着--具尸体，生怕他溜了。

第二天这出滑稽剧又演了一遍。这次我一直撑到了佩切克宫。审讯没持续多久。弗里德里希警官不太小心地碰了碰我的身子，于是我又在昏迷中被运了回来。

接下来的日子里，我已经不能再怀疑自己还活着了。疼痛，生命的亲姐妹，非常清楚地提醒着我，我还活着。庞克拉茨的人们也已陆续获知我侥幸逃过一死。从穿透厚重墙壁的手指叩击声中，从杂役们分发食物时的眼神里，传来了最初的问候。

只有我的妻子对我的状况一无所知。她孤零零地枯坐在牢房里，不过一层楼之下、三四间牢房之远，她活在焦虑和希望之间，直到她隔壁的女犯在早晨半小时放风时对她耳语，说我已经完了，据说我没扛过在审讯中受的伤，死在牢房里了。然后她就乱了脚步，在监狱院子里四下乱走，世界在她眼前旋转。女看守朝她脸上来了一拳，以示"安慰"，试图把她赶回意味着正常监狱生活的队列之中，这些她都毫无感觉。当她再用那双无泪的、善良的大眼睛环视牢房的白墙时，又看见了什么呢？第二天又传给她另一个消息，说不是的，我并不是简单地被打死的，而是忍受不了疼痛，在牢房里上吊了。

而那段时间里，我正在那可怜的草垫上蠕动着。每个夜晚，每个清晨，我都会执拗地侧转身体，好给古斯蒂娜唱她心爱的歌。我在歌声中倾注了那么多的热情，她怎么能听不见呢？

如今她已经知道了我的情况，听见了我的歌声，尽管她比那时离我更远了。如今就连看守们也已知道267号牢房会唱歌，对此习以为常，他们已不再在门后大声嚷嚷，叫我们安静了。

267号牢房在歌唱。我歌唱了一生，又为何偏偏要在生命尽头，在这对生命的感受最为强烈的时候，停止歌唱呢？那老爹佩舍克呢？啊，他是个特例！他痴迷地热爱歌唱。对音乐他一没耳朵，二没声线，三没记性；但他怀着那么美好、那么忠实的情感热爱歌唱，又在歌唱中找到了那么多的欢乐，以至于当他从一个调门滑到另一个，当他嘴巴明明想要A调，却固执地唱出了G调，我都全然不觉。于是我们就歌唱；忧思袭来时我们歌唱，心情愉快时我们歌唱；我们用歌声送别也许永不再见的伙伴，用歌声迎接来自东方战线的好消息；我们为寻求安慰而歌唱，我们因内心欢乐而歌唱；我们就这样歌唱，正如人们长久以来一直歌唱一样，正如人只要还身为人就会歌唱一样。

没有歌声就没有生命，就像没有太阳就没有生命一样。而我们在这里更是加倍地需要歌唱，因为阳光照不到我们身上。267号牢房是朝北的，只在夏季那几个月，西沉的太阳能有片刻在东墙上勾勒出栅栏的影子。——这时老爹会站起身来，倚着折叠床，凝视这转瞬即逝的到访……这就是你在这里能瞥见的最悲伤的目光了。

太阳啊！这个圆圆的魔术师，如此慷慨地照耀着大地，在人们眼前创造了多少奇迹！而生活在阳光中的人们却这么少。是的，太阳会照耀下去，而人们会生活在它的光辉中。能知道这一点很美好。而你毕竟还想知道一件远没这么重要的事：太阳还会同样照耀到我们身上么？

我们的牢房是朝北的。仅仅在夏季，在天气晴好的日子，我们能看几回日落。唉，老爹，我是多想再看一回日出啊！

第四章 "四〇〇号"

　　死而复生是件奇特的事情，奇特到难以言传。当你在晴好的日子里美美睡足后醒来，世界会显得妩媚动人。而死而复生，是仿佛日子更加晴好，仿佛你长长久久地睡了个前所未有的好觉。你觉得你已经足够了解生活这个舞台。而死而复生，是仿佛灯光师打开了所有装着明亮玻璃的聚光灯，瞬间在你眼前照亮了场景的每个角落。你觉得你的眼睛已经很好了。而死而复生，是仿佛你在眼前架上了望远镜，同时再架上一副显微镜。死而复生充满了春天的味道，也像春天一样，在你最熟悉的环境里冒出你意料之外的神奇。

　　这在哪里都成立，就算你知道这感觉转瞬即逝，就算你身处的环境这般"舒适"和"丰富"，就比如说：庞克拉茨监狱的牢房。

但终于有那么一天，他们甚至带你出去了，到了外面的世界。有那么一天，他们传你去受审，却没抬担架来 —— 尽管你觉得这不可能，但真的行得通。走廊有栏杆，楼梯有栏杆，你与其说用双脚在走，不如说用四肢在爬，楼下已经有难友们在迎接你了，他们会扶着你，一直扶到囚车上。然后你坐下，黑暗的移动牢房中有十个或者十二个人，新的面孔，他们向你微笑，你也向他们微笑；有人向你低声说了点什么，而你不知道他是谁；你握了握什么人的手，也不知道握的是谁 —— 然后车子咯嚓一下，开进了佩切克宫的汽车通道，伙伴们把你架下车，你们走进一个宽宽大大的房间，四壁空空，五条长凳 ① 一排接一排，人们规规矩矩地坐在上面，双手贴膝，一动也不动地看着自己面前的空墙 …… 伙计，这就是你新世界的一隅，名为"电影院"。

---

① 原文如此。全书开头写的是六条长凳。

（1943年的五月间奏）

今天是1943年5月1日。刚好在这一班执勤时，我可以写作。真幸福！能在这一天再做一小会儿共产党记者，报道新世界战斗力量的五一检阅！

你可别盼着听到什么队列中旗帜飘扬的事。没有这样的东西。就连你们那么喜欢听的激动人心的事迹，我也没得讲。今天的一切要平凡得多。没有上万人的汹涌浪潮，往年我常看到它漫过布拉格街头；**也没有几十万人的钢铁队伍，我曾听过它震响柏林的大街**①；更没有百万人的汪洋大海，我曾见过它将莫斯科红场淹没。在这里，你见不到百万之众，连几百人都没有。在这里你只能看到几个男女同志。尽管如此，你却感受到力量丝毫不减。因为这支被检阅的力量正在穿过最严酷的烈火，未被烧成灰烬，而是

---

① 从捷克语第一版起，这一句关于德国的描述被删去了。事实上伏契克这里写的是1934年借道德国前往苏联的事情，当时他在柏林度过了五一节。

化为了钢铁。这是前线战壕里的检阅。而战壕里的人穿的不过是平凡的灰色野战服。

一切都是那么微小而不起眼，又有谁知道，将来某一天读到却没经历过这一切的你，到底能不能理解。但请试着去理解吧。请你相信，力量就在其中。

隔壁牢房在墙上叩出两小节贝多芬的曲调，以此送来早晨的问候，今天这问候更为隆重、更为坚决，墙壁也用更高的音调来传递它。

我们穿上了最好的衣服。所有牢房里都是如此。

领早餐的方式就已经完全是游行盛典了。敞开的牢门前，走廊杂役们列队而过，分发面包、黑咖啡和水。斯科舍帕大叔发给我们三个小号圆面包，而不是通常的两个。这是他的五一节问候，一个关怀备至的心灵以行动送出的问候。手指与手指在面包下面相握。禁止说话，连你的眼神也被盯着——但是，难道哑巴就无法用手指清楚地表达了吗？

我们牢房窗户下面的院子里，女犯们跑出来进行早晨半小时的放风。我爬上桌子，透过栅栏往下看。也许她们能发现我。她们看见了，举起拳头来致意。我也照样回礼。

院子里今天生气勃勃，与往日完全不同，是更加快乐的生气勃勃。女看守什么也没看到，或者干脆是不想看到。而这也已经是今年五一检阅的一部分了。

现在是我们放风的半小时了。我领操。五一节，伙计们，今天我们用点别的什么来开头，就让看守们惊讶去吧。第一节：一，二，一，二，抡铁锤。第二节：挥镰刀。锤子和镰刀。同志们也许稍加想象就会明白。锤子和镰刀。我望向四周。大家都微笑着，满怀激情地重复着。他们明白了。就这样，伙计们，这就是我们的五一节方阵，而这出哑剧——这就是我们的五一节誓言：忠于信仰，至死不渝。

回到牢房。九点。现在克里姆林宫正敲着十点，红场上开始检阅。老爹，我们也走起来吧！那里的人们现在正唱着《国际歌》，全世界都响着《国际歌》，让我们的牢房里也传出这歌声吧！我们唱了起来，然后革命歌曲就一首接一首，我们本不愿孤单，我们本就不孤单，我们与那些人同属一支队伍，他们正在自由地纵情歌唱，但同样是在战斗，就和我们一样——

同志们在监狱里

在冰冷的地牢里

我们在一起，在一起

尽管你们不在这行列里……

是的，我们与你们在一起。①

我们，267号牢房里的我们，本打算就这样隆重地结束1943年的五一检阅了。但真的就这样结束了吗？现在是下午了，女牢的那名走廊杂役正在监狱院子里走来走去，用口哨吹着《红军进行曲》《游击队之歌》和其他苏联歌曲，好鼓舞男牢的同志们，这算什么？那个给我拿来纸笔的穿捷克警察制服的人，现在正在走廊上巡视，为了不让别人出其不意地逮到我，这算什么？**而那个穿党卫队制服的人**②，说到底还是他建议我写作的，再把这些纸片带出监狱，精心藏好，以便它们能在适当的时候重见天日，这又

① 原文为捷克语字母拼写的俄语。
② 从捷克语第一版起，这一句被改成"另外那个人"。此处指的是申请了德意志帝国国籍并加入了盖世太保的监狱看守科林斯基，就是他最早给伏契克提供了写作的机会。

算什么？为了这一小片纸他们可能得掉脑袋。他们冒这个险，是要以身为桥，连接被禁闭的今天和自由的明天。他们在战斗。在形势所需的地方，他们运用一切可能的条件和方法，忠诚无畏地战斗。他们朴实无华，毫不起眼，不带一丝慷慨激昂，以至于你都意识不到这是事关生死的斗争，在这场斗争中，他们站在我们这边，他们可能会胜利，同样可能会牺牲。

你十次二十次地看过五一检阅中革命军队的游行，隆重的游行。但直到投入战斗，你才评定了这支队伍真正的力量，感受到它是多么坚不可摧。死是平凡的，比你曾认为的平凡得多，英雄主义并没有圣光环绕。而斗争却比你曾预计的更残酷。坚持到底，将斗争一直引向胜利——这需要无法度量的力量。这些力量每天都在你眼前行动，但你并不会每次都意识到它们的存在。原本这一切都显得那么自然而然。

今天你再次意识到了它们。

在1943年的五一检阅中。

1943年的五一稍稍打断了这个故事的连贯性。这样挺好。在节庆的日子里，人们的回忆也会稍有不同。兴许今天弥漫着的欢乐气氛也会让回忆变点样。

而佩切克宫的"电影院"里真的毫无欢乐可言。这里是拷问室的前厅，你听见从里面传来别人的呻吟和惊叫，而不知道等着你的是什么。你看见健康的人从这里走出去，身强力壮，精神抖擞，经过两三个小时的审讯，回来时已经身体残破，憔悴万分。你听见传讯时一个洪亮的声音答"到"，经过一小时再回来时，报到的嗓音已然嘶哑，被疼痛和发热压得断断续续。还有更糟的：在这里你也会看到一些人，他们离去时目光还明亮而坦诚，回来时却已不再直视你的眼睛。那是在楼上某间审讯室里，也许只是片刻的软弱，就那么一次，瞬间的动摇、恐惧或是自保的渴求在脑海里一闪 —— 那么今天或明天，就又有新的人被带到这里来，再从头经历一遍所有这些恐怖。他们，被曾经的战友交给了敌人。

看着那些曾受良心折磨的人，比看着身体饱经折磨的人还更糟糕些。而如果死神曾围着你打转，擦亮了你的眼睛；如果你曾死而复生，激发起你的感官；那么你无须言语就能感觉到，谁动摇了，谁甚至已经吐露实情了，或者谁正在灵魂的某个角落里思量着，要是给自己稍微减轻点负担，只交出战友中最不重要的那一个，大概也没那么糟糕吧。可怜的懦夫！就好像以伙伴的生命为代价换来的生命，还能算是生命似的！

我第一次坐在"电影院"里时，最先冒出来的想法也许并不是这个。但它后来在那里反复出现。而这个想法肯定在同一天早上就冒出来过，在另一个与记忆有点错位的地方，在那个最能看透世事人心的地方："四〇〇号"。

我在"电影院"里没坐多久。也许一小时，也许一个半小时。然后背后有人叫我的名字，两个穿便服说捷克语的人把我架到电梯里，升上四楼，带我进了一个宽敞的房间，门上写着：

400

一开始，我在他们的监视下，孤身一人坐在一把单独放在最后面墙边的椅子上。我环顾周围，感觉很奇怪，仿佛正在发生的事已经经历过一次了。我什么时候到过这里么？不，没有。但我的确认得这里。我认得这个房间，我梦见过它，在一个那么残酷、那么狂热的梦里见过它，这个梦改变了它，把它扭曲成令人厌恶的模样，但确实还没能把它变得认不出来。现在它是宜人的，充满了白昼的光线和明亮的色彩，透过装着细栅栏的大窗户，能看见提恩教堂、绿色的莱特纳山岗以及布拉格城堡。在梦中它是阴暗的，没有窗户，蒙着污黄的光，人们就像是影子。是的，那时这里有些人。现在房间空荡荡的，六条长凳被聚到一起，成了一片生长着蒲公英和毛茛的欢乐的草坪。在梦中这里全是人，一个挨一个地坐在长凳上，苍白的脸上流着血。那边，紧靠门的地方，站着一个男人，痛苦的眼神，破旧的蓝工装，他渴望着喝口水，喝口水，然后就慢慢地，仿佛帷幕徐徐落下一般，垮塌到地上……

是的，就是这样，但我已经明白了，这不是梦。这残酷而狂热的——是现实。

这是我被捕和第一次受审那天夜里的事。他们曾把我带到这里，也许三次，也许十次。我所知道的，就是当他们想休息一下或者审问别人时，就把我带到这里来。我还记得那时我赤着脚，被打伤的脚掌踩在冰凉的瓷砖上，感觉很舒服。

那时长凳上坐满了容克工厂的工人，盖世太保夜晚捕获的猎物。门边那个穿蓝工装的男人，是容克工厂支部的巴尔托宁同志，我被捕的<u>间接</u>①原因。我这么说，是希望不要有任何人因我的命运而背负罪责。这既不是因为有人出卖，也不是由于任何同志的软弱。纯粹是不小心加上坏运气。巴尔托宁同志为自己的支部寻找通往高层、通往上级领导的联系。他的朋友耶林尼克同志没太在意秘密工作的规定，许诺会帮他建立起联络，却没有先跟我商量一下，以便不经过他的介入就把联系建立起来。这是一个错误。第二个错误，更攸关命运的错误，是巴尔托宁同志信任了一个 —— 红旗特务②。这个特务姓德沃夏克。巴尔托宁同

---

① 伏契克的原始手稿上有若干地方加了下划线。为了保持一致，也为了更加醒目，本书中统一加下划线表示。后同。

② 指表面上关心或者参与地下工作、实际上暗地里为盖世太保服务的人。

志连耶林尼克的名字都告诉了他 —— 这样耶林尼克一家就引起了盖世太保的注意。不是因为他们在过去两年中优秀地完成了的主要任务，而是因为这唯一一次稍许越过保密规定的界限去帮的小忙。至于佩切克宫正好决定要在我们在耶林尼克家碰头的那天夜里逮捕他们，为此还出动了那么多警力 —— 这已经纯粹是巧合了。这原本不在计划之中，盖世太保原本第二天才要收网，他们几乎只是一时兴起开车转转，在容克工厂支部大丰收之后"兜兜风"。他们的到来让我们倍感意外，而在这里发现了我，他们只会更觉得意外。他们甚至不知道发现的是谁。天晓得他们到底还会不会知道，假如和我一起……

但从我在"四〇〇号"最初产生想法直到想明白这些，还是过了挺久的。我已不再是一个人，长凳上已经坐满了人，连墙边也站满了人，时间已经过去了几小时，期间充满意外。古怪的、我没法理解的意外和糟糕的、我能够理解甚至理解得太过清楚的意外。

第一个意外却不属于上面的任何一种，那不过是件亲切的、微不足道的小事，对谁都没什么要紧 —— **而我**

56

却偏偏从未忘记。监视我的那个盖世太保探员 —— 我认出了他，就是他在我被捕后把我所有的口袋翻了个底朝天 —— 扔给我半支还燃着的烟。三个星期后的第一支烟，再次回到世间的人的第一支烟！我要接过它么？可别让他认为能收买我。但伴着这支烟的目光毫无奸诈可言；不，这个人没想着要收买我。（烟我同样也没抽完。没有哪个新生儿是大烟鬼。）①

第二件意外：四个人鱼贯走进房间，用捷克语向穿便衣的看守们打招呼 —— 也招呼了我，坐到桌后，打开公文，点上香烟，神态自如，无拘无束，仿佛他们是这儿的员工。但我明明认得他们，至少认得其中的三个，他们给盖世太保干活？这绝不可能 —— 还是说正是如此？连他们都？这明明是**特林格尔，或者按我们以前对他的称呼，雷奈克**，许久以前做过党委书记和工会书记，脾气有点火爆，但本质忠诚 —— 不，不可能。安卡·维科娃，始终

---

① 捷克语第一版还有此段内容，第二版（1946年）至第二十五版（1957年）和第二十八版（1970年）至第三十七版（1985年），此段黑体部分被删。

那么挺拔、美丽，尽管头发已经全白了，一位坚定顽强的女战士 —— 不，不可能。瓦谢克·**雷泽克** ①，北捷克地区矿井上的泥瓦匠，后来成为党的区委书记，我怎么能认不出他来呢？我们在北部一起经历了怎样的战斗啊。这个人，他们有可能压弯他的脊梁么？不，不可能。但他们为什么在这里呢？他们在这里做些什么呢？

这些问题的答案我还没找到，又冒出一堆新问题。他们带来了克列仓，还有耶林尼克夫妇和弗里德夫妇 —— 是的，这我知道，这些人是同我一起，唉，被逮捕的。但为什么帕维尔·克罗巴切克也在这里？这个帮米列克在知识分子中开展工作的艺术史学者，除了我和米列克 —— 克列仓之外，还有谁知道他？为什么这个脸被打坏了的高个子年轻人向我暗示我们不认识呢？我倒真的不认识他。他到底是谁呢？施蒂赫？施蒂赫医生？兹丹涅克·施蒂赫？天哪，这就意味着医生小组……！除了我和米列

---

① 这一段涉及的某些人物在"二战"结束时还处于甄别阶段。捷克语第一版还有关于他们的内容，第二版（1946年）至第三十七版（1985年），都仅仅保留了他们的昵称或姓名首字母。

克 —— 克列仓，还有谁知道这个小组？为什么在牢房里审讯我时问起了捷克知识分子？他们到底是怎么把我和知识分子工作挂上钩的？还有谁知道这件事，除了我和米列克 —— 克列仓？

答案不难得出，但这个答案是沉重的、残酷的：米列克叫人失望了。米列克招了。我还短暂地抱着一丝希望：也许，至少他没招出全部。但随后另一组囚犯被带上楼来，于是我看见了：

弗拉迪·万楚拉、费博尔教授和他的儿子、身份还未暴露的贝特日赫·瓦茨拉维克、鲍日娜·普尔帕诺娃、英德日赫·艾尔博、雕塑家德沃夏克，所有人，组成捷克知识分子民族革命委员会的人，或者计划中的人，全在这里了。知识分子的工作，米列克全招了。

在佩切克宫的头些天对我来说确实不轻松。但这件事是我在这里受到的最沉重的打击。我预计的是死亡，不是背叛。就算我已经竭尽全力去宽大评判，就算我已经考虑了所有可以从轻评判的情节，就算我提醒自己所有那些米列克没有招出来的事情，我还是找不到别的词汇，这就是背叛。纯粹的动摇也罢，软弱也罢，被折磨到要死以至于身心崩溃、在发热中寻求解脱也罢，都不是理由，这不容原谅。

现在我明白了，为什么他们在第一夜就早早知道了我的名字。现在我明白了，安妮奇卡·伊拉斯科娃是怎么落到这里来的。我和克列仑在她家里碰过几次头。

现在我明白了，为什么这里会有克罗巴切克，有施蒂赫医生。

接下来几乎每天我都会来"四〇〇号"，每天都会获知一些新的细节。这些细节令人悲伤，又令人胆寒。瞧啊，这个曾经有骨气的人，西班牙前线的枪弹没让他却步，法国集中营的残酷经历也没让他弯腰。现在盖世太保手里的藤条却叫他脸色苍白，为保全自己的牙齿就开口出卖了。几棍子就能打掉他的勇敢，这勇敢又该有多肤浅啊！如此肤浅，正如他的信仰一般。在集体里，被同样想法的伙伴们围在当中时，他曾是坚强的。他坚强，因为他想着他们。而现在，被隔离开，孤身一人，被纠缠不休的敌人围在当中，他就完完全全地丧失了力量。他丧失了一切，因为他开始想着自己了。为保全自己的皮囊，他就牺牲伙伴。他输给了懦弱，因为懦弱而出卖。

当他们在他身上搜出材料时，他没在心里对自己说，死也不能解开秘密。他解密了。他交出了一些名字，交出了地下活动的地址。他把盖世太保的探员们领到了和施蒂赫接头的地点。他把他们送去了瓦茨拉维克和克罗巴切克碰头的德沃夏克家。他交出了安妮奇卡，甚至交出了丽达，那个坚定勇敢、爱着他的姑娘。打上几下，就足够令他说出一半。等到他确信我已经死了，他再也不用向谁解释自己的行为的时候，就把剩下的一半也补全了。

他这样做并没有损害到我。我已经在盖世太保手里了 —— 还有什么能损害我呢？正相反，他交代了一些开启整个侦讯过程的具体事情，就像链条的开端，而接下来的环节握在我手里，他们非常想解开这些环节 —— 正因如此，我后来才活过了戒严，一起活下来的还有我们这群人中的一大部分。但假如他承担了自己的责任，这群人本就不该落到这里。那样的话，我们两个应该早就死了，但其他人会活着；我们倒下去，他们继续工作。

懦夫会失去比自己的生命重要得多的东西。他就是这样。他从光荣的部队里逃跑了，敌人中最肮脏的那个都蔑视他。他活着，却已经死了，因为他脱离了集体。他后来也试图多多少少地去弥补，但再也不被集体所接纳了。而在监狱里，这要比在其他任何地方都更可怕。

囚徒和孤独 —— 这两个概念常被混为一谈。这是个巨大的误会。囚徒并不孤独，监狱是个大集体，只要不是自行脱离，那么即使最严密的隔离也不可能把谁排除在集体之外。被压迫者的兄弟情谊在这里遭受压榨，被凝聚，被锻炼，变得更为深厚。它穿透有生命、会说话、能传递暗号的墙壁。它拥抱同一条走廊上的各个牢房，通过共同的苦难、共同的看守、共同的走廊杂役、共同的自由空气里的半小时放风，把这些牢房联系在一起。只需放风时的一个字、一个小动作，就足以传递消息或拯救人的生命。通过共同乘车去受审、共同坐在"电影院"、共同乘车返回，它把整个监狱联系在一起。这份兄弟情谊言语少、功劳大，只是简单地握一握手或者偷偷递一根烟，就能打破你被塞入的牢笼，把你从那本会压垮你的孤单中解放出来。牢房有手，当你在审讯中受尽折磨后归来，你会感觉到这些手如何支撑着你，使你不会倒下；当别人用饥饿把你赶向死亡，你会从这些手里获得食物。牢房有眼睛，当你走向刑场，它们会看着你，而你知道，你必须阔步前行，因为你是他们的兄弟，你不能削弱他们的斗志，哪怕只是脚步犹豫也不行。这份兄弟情谊流着鲜血，却不可战胜。如果没有这份情谊的支持，你连自己命运的十分之一都承受不了。无论是你，还是别的任何人。

在这番讲述中——假如我还能继续下去的话（因为我们不知道会在何日何时离去）——将常常出现这一章标题上的数字："四〇〇号"。在我最初的认知里，它是一个房间，我在里面度过的头几个小时、产生的头几个想法都算不上快乐。但它并不是一个房间——它是个集体。快乐的、战斗的集体。

它诞生于1940年，当时反共科的公务正日益繁忙。它是"电影院"这个直属监狱的分部，是一间专为共产党嫌犯设立的候审室，以免每次问个问题都得把犯人重新提到四楼来，而是让犯人一直近在盖世太保审讯官们的手边。这样可以减轻他们的工作。他们就是这么想的。

但你把两个犯人——何况还是两个共产党员——放到一起，五分钟后那儿就已经形成一个集体了，而这个集体会搅乱你全部的计划。到1942年，这里已经只能被叫作"共产党中央"了。它经历了许多变化，数千同志，有男也有女，在这些长凳上接替坐过。但有一样始终没变：那就是集体的精神、忠诚的战斗和对胜利的信心。

"四〇〇号"——这是一条突出在前的战壕，四面都已被敌人包围，经受着集中火力的轰炸，但片刻也未想过要屈服。它的上方飘扬着红旗。旗下展现的却是为民族自由而战的全体人民大团结。

楼下，"电影院"里，穿高筒靴的党卫队看守们来回巡逻，你眨眨眼睛都会招来咆哮。这里，"四〇〇号"里，负责看守的是警察局派来的捷克检察官和探员，他们作为翻译到盖世太保这里来工作，出于自愿，或是受上级命令；他们履行着自己的责任，身为盖世太保员工的责任，或是——身为捷克人的责任。还有一些介于两者之间。这里已经不再需要双手扶膝、两眼直视、挺身而坐，这里你已经能坐得随意些，能四下张望，能动一动手 —— 甚至还能做得更多，这要看当班的是以上三种人中的哪一种。

"四〇〇号" —— 这是能最深刻地认识被称作"人"的这种生物的地方。不断逼近的死亡让这里的每个人都赤裸裸地暴露出来。既包括那些左臂上戴着红布条的候审者：共产党员或者通共嫌犯，也包括那些在这里监视他们和在不远的房间里参与审讯他们的人。在那些房间里，在审讯中，言辞还能被当作盾牌或武器。在"四〇〇号"，你已不能再藏在言辞后面了。这里衡量的不是你的话语，而是你的内在。而你的内在只剩下最核心的东西了。一切缓和、削弱或粉饰你的本质的旁枝末节，都纷纷掉落，被濒死的飓风撕扯而下。只剩下毫无修饰的主语和谓语：忠诚者抵抗，叛徒们出卖，市侩绝望，英雄斗争。每个人身上都有力量和软弱、勇气和恐惧、坚定和动摇、纯洁和肮脏。但这里只允许留下一种，非此即彼。当有人试图悄悄在这两者之间游弋时，他只会比帽檐上别着金色羽毛、手拿锣钹在送葬队伍里起舞的人更加显眼。

这种人在囚犯中有，在捷克检察官和探员中也有。他在审讯中给帝国的天神大人祭上一根香，在"四〇〇号"又给布尔什维克的魔鬼点上另一根。他在德意志族警长面前一颗颗打掉你的牙齿，好榨出你都在和谁联系；在"四〇〇号"又友好地递块面包给你，好让你赶走饥饿。他在搜查时把你的住宅扫荡一空，在"四〇〇号"又从赃物里拿半根香烟塞给你，好显示他对你设身处地的关心。另一些人——他们不过是前一种人的近亲——从不主动伤人，但更不会帮人。他们总是只想着自己的皮囊。他们的敏感把自己变成了出色的政治晴雨表。他们摆出一副公事公办的冷漠面孔？你就可以确认：德国人正向斯大林格勒推进。他们和颜悦色，跟囚犯们搭腔？情况不错：德国人显然是在斯大林格勒吃了败仗。他们开始讲述自己的捷克先祖，解释自己是怎样被强令来给盖世太保干活的？太好了：红军准是已经推进到罗斯托夫了。——这种人当中还有一些这样的：你快要淹死时，他们袖手旁观；等你自己爬上岸，他们却热心地向你伸过手来。

这种人感觉到了"四〇〇号"这个集体，衡量出了它的力量，因而尝试着去接近它，却从来不能成为其中一员。还有一种人，他们丝毫没有意识到这个集体的存在：把他们称作凶手吧，但就连凶手也还是人的一种。这些手持棍棒镣铐、说着捷克话的野兽，折磨起捷克犯人来，连许多德意志族警长都看不下去而逃离现场。他们甚至无法假仁假义地号称是为了自己民族或者帝国的利益，他们折磨人和杀人是出于快感，他们打掉人的牙齿，打聋人的耳朵，挤出人的眼球，踢烂人的生殖器，敲开受刑者的脑壳，打人一直打到死，纯粹是出于残忍，纯粹是为了干而干。你每天都看见他们，每天都不得不和他们打交道，忍受着他们的存在。有他们在，空气里就充满了血腥和号叫。能帮助你的只有坚定的信念：就算他们把罪行的见证人屠杀殆尽，也绝逃不脱正义的审判。

而就在他们旁边，同一张桌子的后面，坐着些表面看起来担任同样职务的人，但若要秉公执笔，这个"人"字应该大写。他们把用来囚禁人的机构变成了被囚人的机构；他们帮助建立起"四〇〇号"集体，也凭借着自己的整个心灵和全部勇气而归属于这个集体。他们不是共产党员，正相反，他们先前在捷克警察局工作时，干的还是反共的活儿；而当他们看到共产党员与占领者反抗斗争时，就认识到了他们的力量，理解了共产党员对整个民族的意义；从这一刻起，他们便忠诚地服务和帮助每一个即使坐到犯人长凳上仍坚贞不渝的人：这一点让他们的伟大更加突出。外面的许多战士，假如能预感到一旦落入盖世太保手里，会有怎样的恐怖等在前面，脚步可能都会迟疑。而他们身处此地，每一天、每一小时恐怖都近在他们眼前。每一天、每一小时，他们都可能被发现，被列入囚犯中，去承受比囚犯们更恐怖的考验。尽管如此，他们也没有踌躇。他们帮助拯救了几千人的生命，减轻了那些他们已无法拯救生命的人们的痛苦。英雄的称号属于他们。没有他们的帮助，"四〇〇号"永远不可能成为它后来的样子，千百名共产党员眼中的样子：黑暗大楼里的光明所在，敌人后脑勺处的战壕，直接建在占领者巢穴里为自由而战的中心。

第五章　群像谱（一）

你们，活过了这个时代的你们，我请求你们：别忘记。别忘记好的，也别忘记坏的。耐心地去收集证词吧，收集那些为了自己也为了你们而倒下去的人们的证词。今天终将成为过往，人们会谈论伟大的时代和创造了历史的无名英雄。我希望大家知道，他们不是什么无名英雄。他们是人，有自己的名字、自己的面庞、自己的渴求和自己的希望，因此，他们当中最末尾的那一个所经历的痛苦，也并不逊于列于首位、留名青史的那一个。我希望，他们所有人都总是让你感到亲近，就像你们的熟人，你们的家人，你们自己。

整整一代英雄惨遭屠杀。请至少爱上他们当中的一个吧，像爱儿女一样地爱他，为他这样一个曾为了未来而生活过的伟大的人骄傲吧。每个忠诚地为了未来而活又为其美好而死的人，都是一座石质的雕像。每个想要把过往的尘埃修成堤坝去阻挡革命洪流的人，都不过是个正在朽烂的木刻小人偶，即使他今天还戴着镀金的肩章。但哪怕是这些人偶也该当成活的来看，看他们卑微又可怜，残酷又可笑，因为这是留给将来用以重构历史的材料。

我下面能讲的，不过是些原始材料，目击证人的证词，我从方寸之地能看到的迫在眼前的不完整的片段。但这其中自有真实面貌的轮廓：伟大和渺小，雕像和人偶。

耶林尼克夫妇

约瑟夫和玛丽亚。一个是电车工，一个做用人。你一定要认识一下他们的家。朴素而光洁的现代家具，小书橱，小塑像，墙上挂着画，非常整洁，整洁到难以置信。你也许会说，她整个灵魂都禁闭在这里了，外面的世界她一无所知。而她却早已在共产党内工作多年，以自己的方式梦想着公正。夫妇二人都忠诚地、安静地工作着，面对占领带来的艰巨挑战，丝毫不曾退缩。

三年后，盖世太保闯进了他们的家。他们并肩站着，把双手举过头顶。

1943年5月19日

今天夜里他们就要把我的古斯蒂娜运去波兰"做工"。去服苦役，去得伤寒而死。她也许还剩几个星期可活，也许两三个月。我的卷宗据说也已经移交法院了。也许还有四周的审理期留在庞克拉茨，然后再过两三个月就完结了。这份报告已经写不到结尾了。如果这些天还有机会，我会试着再往下写点。今天是不行了。今天我全部的头脑和心灵都被古斯蒂娜占据了，这品格高尚、情感炽烈的人，是我一直起伏不定的严峻生活中珍贵而忠诚的伙伴。

一晚又一晚，我给她唱那首她心爱的歌，唱沙沙地传颂游击战神话的青色大草原，唱为了自由与男子并肩作战的哥萨克姑娘，唱她的英勇，唱她怎样在一场战斗中"倒下去再也没有站起来"。

瞧啊，这就是我的战友！① 这个长着坚毅脸庞的小个子女人身上，藏有多少力量，她孩子般的大眼睛里，又含着多少柔情！斗争和持续不断的分离让我们成了永恒的情侣，让我们不止一次，而是数百次地经历初次相识、初次抚摸的炽热时刻。我们的心始终以同样的频率跳动，呼吸也始终融在一起，无论快乐还是焦虑，激动还是忧伤。

多年以来，我们一起工作，相互扶持，只有同志对同志能做到如此；多年以来，她都是我的第一个读者和第一个批评者，感受不到她从背后送来的充满爱意的目光，我就很难下笔；多年以来，我们在斗争中并肩而立，斗争我们可经历了不少；多年以来，我们手牵着手漫游在那些我们心爱的地方。我们经历过许多艰辛，也品尝过许多巨大的快乐，因为我们拥有穷人的财富，那就是内心的财富。

古斯蒂娜么？瞧，这就是古斯蒂娜：

那是去年六月中旬戒严期间的事了。在我们被捕六周

---

① 这一句和"倒下去再也没有站起来"，原文都是捷克语字母拼写的俄语。

后，她再一次见到了我。之前那些可怕的日子里，她一直孤零零地枯坐在牢房里，反反复复地思索着那些宣告我已死去的消息。他们传她来，为了"软化"我。

"好好劝劝他，"反共科科长在我俩对质时对她说，"劝劝他，让他别傻了。就算不想自己，至少也要想想您。你们有一小时的时间仔细考虑。要是他还这么顽固，今晚就枪毙。你们俩都是。"

她用目光抚摸着我，然后直截了当地答道："警官先生，这对我来说不是威胁，而是我最后的请求。您要处决他的话，也请处决我吧。"

瞧，这就是古斯蒂娜！这就是爱和坚贞。

他们可以夺走生命，这你知道的，古斯蒂娜，但他们夺不走我们的光荣和爱情。

啊，人们哪，你们能想象出我们将怎样生活吗？要是我们能度过这一切艰辛、再次相逢的话？在充满自由、解放和创造的美好生活中再次相逢的话？等到那个我们曾深深渴望、为之奋斗、现在正为之赴死的未来最终到来的时候？啊，正因如此，即使我们死了，我们也仍将活在你们巨大幸福的某个小角落里，因为我们向这幸福中投入了自己的生命。我们因此而快乐，即使心中怀着离别的伤悲。

他们甚至不允许我俩告别，没有拥抱，连手也不能碰一下。只有联结着查理广场 ① 和庞克拉茨的监狱集体，为我们传递着关于对方命运的消息。

你知道，古斯蒂娜，我也清楚，我们大概是再也不会相逢了。可我仍听到你在远方呼喊：再见了，我的爱人！

再见，我的古斯蒂娜！

我的遗嘱

除藏书之外，我一无所有。这藏书也已经被盖世太保毁掉了。

我写过许多文艺和政治评论、报告、文艺和戏剧研究或者导读。其中许多是应时之作，也已随时代消逝。就

---

① 查理广场也设有监狱，古斯塔当时被从庞克拉茨监狱转到了查理广场监狱。

随它们去吧。但某些作品还有生命力。我曾期望古斯蒂娜会把它们编纂出来。现在看来几乎无望了。因此我想麻烦我正直的伙伴拉嘉·什托尔，请他从中选编出五本小书：

1.政论和论战文章，

2.国内报告选集，

3.苏联报告选集，

4和5.文艺、戏剧评论和研究。

这些文章大部分可以在《创造》和《红色权利报》上找到，还有一些登在《树干》《泉源》《无产者文化》《时代》《社会主义者》和《先锋》等刊物上。

在出版商吉尔加尔那里（他敢于在占领期间出版我的《鲍日娜·聂姆佐娃》，我爱他这份发自内心的无畏精神），有我研究尤利乌斯·泽耶尔的论文手稿。在耶林尼克夫妇、维苏希尔夫妇和苏哈奈克夫妇曾住过的那幢楼的某个角落里，藏着我研究萨宾纳的文章的部分章节和关于扬·聂鲁达的笔记，这些人现在大多已不在人世了。

我还动笔写了一部关于我们这代人的小说①。有两章在我父母那里，其余的大概被销毁了。我在盖世太保的案件材料里瞥见过若干短篇小说的手稿。

正在降生的文学史研究者，我把对聂鲁达的爱留赠给你。他是我们最伟大的诗人，目光甚至已经远远越过了我们，看到了未来。目前还没有作品能真正地领悟他，讲出他的价值。应当向读者展现身为无产者的聂鲁达。人们给他的衣服后襟粘上小城区的田园标签，而没看到对于这"田园诗般的"、一成不变的小城区来说，他"是个逆子"。他们没看到他的出生地挨着斯米霍夫区，周围住的是外来的工人们，当他为自己的《墓地之花》前去小城区墓地时，必须沿着林霍夫工厂走过去。看不到这些，你就无从理解那个从《墓地之花》开始直到写出杂文《1890年5月1日》的聂鲁达。人人——甚至连沙尔达这样目光犀利的人——都认为聂鲁达的新闻工作多多少少阻滞了他的诗

---

① 小说名为《彼得的上一代》，是一部未完成的自传体长篇小说，于1939年3月16日开始动笔（1939年3月15日德国武装占领布拉格），仅仅留存下来序言、前三章和第四章的开头部分。

歌创作。无稽之谈。正因为聂鲁达是个新闻工作者，他才能写出如此伟大的作品，比如《叙事诗和浪漫曲》或者《星期五之歌》，以及《平凡的主题》中的大部分。新闻工作令人精疲力竭，或许还分散其注意力，但会把他和读者联系在一起，教会他创造，甚至包括诗歌中的创造 —— 当然，这说的是像聂鲁达这样勤恳正直的新闻工作者。离开了只活一天的报纸，聂鲁达也许会写出许多诗集，但不会有一本能像他现在所有的作品一样，活过整个世纪。

也许关于萨宾纳的研究，也会有人去完成。他值得如此。

我的双亲，我曾希望用自己全部的工作来确保他们和其他人在阳光下安度晚年，以报答他们的爱和朴实无华的崇高。但愿这不会被我已不在他们身边这一点所破坏。"劳动者死去，但劳动果实长存。"① 在环绕着他们的温暖和光明之中，我会一直相伴左右。

我的妹妹们，莉巴还有薇尔卡 ②，我请你们用自己的歌声让爸爸妈妈忘掉我们家里的缺失。她们来佩切克宫探

---

① 出自捷克诗人伊日·沃尔克的诗《玻璃工人眼睛之歌》。

② "莉巴"和"薇尔卡"分别是伏契克的长妹莉布莉谢和幼妹维拉的昵称。

视我们时，咽下了许多泪水。但快乐活在她们心中，为此我爱她们，为此我们相亲相爱。她们是快乐的传播者——愿她们永远如此。

活过这场最后的战役的同志们，还有那些来接替我们的同志们，我紧紧地握你们的手。为自己，也为古斯蒂娜。我们尽完了自己的责任。

再重复一次：我们曾为欢乐而生，为欢乐而战斗，现在亦将为欢乐而死。愿悲伤因此永不与我们的名字相连。

尤·伏

1943年5月19日

1943年5月22日

材料整理完毕，字也签了。对检察院来说，昨天我的案件就已经结束了①。办得比我预计的甚至还要快些。他们

---

① 伏契克的案件走的是当时常规的"公—检—法"流程，由盖世太保（即国家秘密警察）执行案件侦破，检察院执行结果检查和起诉书的草拟，最后再到柏林的人民法庭进行宣判。

好像是要加紧结案。一同被起诉的还有丽达·普拉哈和克列仓。他的怯懦没给他带来一点好处。

审查员那里是照章办事，态度冷淡，或者可以说冷漠。盖世太保那里还能算得上是生活，虽然是可怕的，但毕竟还是生活。其中甚至有激情，一边是战士的激情，另一边是猎人、掠食者或者纯粹就是寻常强盗的激情。另一边的某些人甚至还怀着某种信仰。而这里，审查员这里，仅仅就是个机关。衣服上的卐字符号圆章展示着内心丝毫没有的信仰。那只是一种盾牌，后面躲着个可怜的办事员，只求有什么方法凑合着活过这个时代。他对待被起诉者既不好也不坏。脸上既没笑容也没愁云。公事公办。没有血，只有些稀稀拉拉的汤水。

编写好，签上字，套上条条款款。其中有大概六次叛国罪、阴谋反对帝国、准备武装暴动，不知道还有些什么。其实只要其中随便一条就已经足够了。

十三个月以来，我在这里为别人也为自己的生命和他们角着力。凭胆量，也用诡计。他们把"北方人的诡计"列进了自己的工作程序。我想，对此我同样在行。我输了仅仅是因为他们手里除了有诡计，还有斧头。

这一场角力就到此为止了。现在只剩下等待。拟好起诉书要两三周，然后启程去帝国，等待开庭、宣判，最后还有一百天等待处决。前景就是这样。也许四个月，也许五个月。这段时间里很多东西都可能改变。这段时间里一切都可能改变。有可能的。身处此地我无法做出判断。但外面局势的迅速发展同样可能加速我们结局的到来。这样就扯平了。

这是希望和战争的竞赛。死亡和死亡的竞赛。哪一个会先来：法西斯的死，还是我的死？这仅仅是我的问题么？啊，不是的，数万囚犯在这么问，数百万士兵也在这么问，全欧洲、全世界的千万人都在这么问。有的人希望大些，有的人希望小些。但这只是表面现象。正在腐朽着的资本主义用恐怖埋住了整个世界，极度地威胁着每一个人。数十万人——都是些怎样的人啊！——还将倒下，直到幸存的人们可以做出回答：我活过了法西斯时代。

决定性的时间只剩下几个月了，很快就只剩下几天。但正是这几天会最为残酷。我以前常常会想，做战争最后一秒被最后一颗子弹穿透心脏的最后一名士兵，该有多悲哀。但总得有人做那最后一个。假如我知道那能是我，那么我希望立刻赴死。

我在庞克拉茨剩下的时间已经很短了，已经不容我把这份报告写成它该有的样子了。我必须写得再简短些。它将更多地成为一份关于人的证词，而不是关于整个时代。我想这一点是最重要的。

我从耶林尼克夫妇开始写这些"雕像"。这是两个普普通通的人，平日里你看不出他们是什么英雄。遭逮捕的当口，他们并肩站着，双手举过头顶，他的脸色苍白，她的双颊带着结核病人的红晕。当她看见盖世太保如何在五分钟内把她那堪称楷模的整洁房间变成一堆狼藉时，她的眼神有些惊惶。然后她慢慢地转过头问自己的丈夫：

"佩巴①，接下来会怎样？"

以前他总是话很少，寻找词汇对他来说挺难，说话令

---

① 这里出现的指代耶林尼克的"佩巴"，还有后文出现的指代维苏希尔的"佩比克"，都是名字"约瑟夫"的昵称。

他不安。现在他则平静地、毫不费力地答道：

"我们去死，玛丽亚。"

她没有惊叫，连身子也没晃一下，只是以一种美丽的姿态放下手来，就在一直对着他们的枪口前，把手递给了他。为此，他和她脸上都挨了第一拳。她擦了擦脸，用某种惊诧的目光打量着这群闯入者，以近乎滑稽剧的口吻说道：

"这么漂亮的小伙子，"她说着，提高了音调，"这么漂亮的小伙子……原来是……这样的野蛮人。"

她这评价很公道。几小时后她被带出办公室时，已经被"问讯"她的警长打到几乎不省人事。但他们没从她身上榨出任何东西。这一次没有，以后也一样。

我不知道，在我躺在牢房里没法受审的那段时间，在他们身上都发生了什么。但我知道，这一整段时间他们什么都没说。他们在等着我。后来佩巴又有多少次被反捆了手脚，又有多少次被打了又打，但他一直沉默，直到我能告诉他，或者至少以眼神暗示他，什么可以说，或者该怎么说，好让我们能主导审讯的方向。

她以前挺敏感，甚至可以说多愁善感。被捕前我认识的她是这样的。而在盖世太保这里的整段时间，我却没在她眼里看到过一滴泪水。她爱自己的家。当外面的同志为了安慰她而捎话来，说他们知道是谁偷走了她的家具，正在盯着他，她回答说：

"让家具见鬼去吧。但愿他们别在这上面耽误时间。他们有更重要的事情要操心，现在他们得工作，连我们的工作也一起做。打扫要从最根本的地方做起，假如我能活过这遭，家里我自会打扫干净的。"

有一天他俩被运走了，去往不同的方向。我打听过他们的命运，徒劳无果。因为在盖世太保这里，人们会散落进千百个墓地，踪迹全无。啊，这可怕的播种，会长出怎样的果实啊！

她最后捎来的话是：

"首长先生，请您转告外面，但愿不要有人为我伤悲，也别被吓退。工人的责任指示给我的，我照做了，如今也按它指示的去死。"

她"不过是个女用人"，没受过古典主义教育，也不知已经有人这么说过了：

"过路人，请告诉拉刻代蒙的人们，我们依照他们的嘱托，倒在这里牺牲了。"①

维苏希尔夫妇

他们也住在这幢楼里，紧挨着耶林尼克夫妇。他们也叫约瑟夫和玛丽亚。这是一个底层办事员的小家庭，他们的年纪比邻居稍长些。他被运去服兵役、送上战争②前线时，还只是努斯莱区一个十七岁的高个子青年。才几个星期，他就被运了回来，膝盖碎了一只，后来一直没有痊愈。他们相识于布尔诺野战医院，她在那里当护士。她比他大八岁，当时已离开自己那不幸的婚姻。战争结束后，她嫁给了佩比克。他俩的关系里一直保留着某种照顾式的、母

---

① 拉刻代蒙为古希腊斯巴达城邦的别称。公元前480年，斯巴达国王列奥尼达一世率领三百名斯巴达战士与部分希腊城邦联军固守温泉关，成功拖延波斯军队进攻。但终因寡不敌众，全部阵亡。据传古希腊诗人西莫尼德斯为他们撰写了这段墓志铭。

② 指第一次世界大战。

性的东西。他们并不出身于无产者家庭，组建起来的也不是无产者家庭。他们通往党的路途要更复杂、更艰难——但还是找到了。这条路——和许多类似的人一样——是通过苏联找到的。早在占领前很久，他们就已经看出那些人想要干什么，就把自己的家提供给德意志族的同志们作为藏身之所。

在最艰难的时期——苏联遭到进攻后和1941年第一次戒严期间，中央委员会的成员们就在他们家碰头。在他们家里过夜的有洪扎·齐卡和洪扎·切尔尼①，最多的还是我。《红色权利报》的稿子是在这里写的，许多决定是在这里做的，我和"卡雷尔"——切尔尼的第一次见面，也是在这里。

他俩办事精准仔细，小心谨慎，对地下工作中动不动就冒出来的突发状况，总有办法对付。他们懂得游走其中的诀窍。别人无论如何也想不到，这个"铁路上的"善良

_____

① "洪扎"是"扬"的昵称。这里的"洪扎·齐卡"和"洪扎·切尔尼"，本名为扬·齐卡和扬·切尔尼，都是捷共第二地下中央的核心成员。而"卡雷尔"是扬·切尔尼在地下工作中的化名。

高个子小职员和这位维苏希洛娃"太太",能牵扯上什么违禁的事情。

但就是这样,他在我之后不久也被捕了。第一次在这里瞥见他时,我大为震惊。要是他招了,会有多少事情遭到威胁啊!但他保持着沉默。他落到这里,是因为他拿了几张传单给一位同志读,最后也就止于这几张传单。

几个月后,由于波克尔尼和皮克索娃不守纪律①,暴露了洪扎·切尔尼曾在维苏希洛娃的姐妹家住过。他们照自己的方式"审问"了佩比克两天,想从他嘴里得出我们中央委员会"最后一个莫西干人"②的踪迹。第三天他来到"四〇〇号",小心翼翼地坐下,天知道坐到新鲜的伤口上有多难。我用忧虑不安的眼神看着他,目光里有问题还有鼓励。他用努斯莱区那种简洁的口吻快乐地回

---

① 这里涉及《报告》中可能出现的最大的史实错误。按照95评注版中的说法,皮克索娃未交代任何关于组织的事情。可能是伏契克"弄混了未打听清楚的真实肇事者和无辜者的名字,而在以夹带方式的写作中无法留下和改正手稿"。

② 《最后一个莫西干人》为美国作家库柏的长篇小说,讲述殖民战争中北美洲原住族裔被迫逐渐灭亡背景下不同人的命运。

答道：

"脑袋不愿意，嘴巴和屁股就都不说。"

我很熟悉这个小家庭，他们有多么相亲相爱，分开不过一两天对他们来说都很艰难。而现在已经过去了几个月 —— 那个孤身一人待在弥赫莱区舒适住宅里的女人，那个到了孤单比死还要沉重许多倍的年纪的女人，她该有多悲哀啊！她又该做过多少梦，梦想着能帮到自己的男人，梦想着他如何回到这个小小的田园，他们在这里会有些可笑地互称"小妈咪"和"小爹地"！又一次，她找到了那条唯一的出路：继续工作，为了自己，也为了他。

1943年新年夜，她孤身坐在桌旁，他常坐的位置上放着他的相片，当新年的钟声敲响，她和他的玻璃杯碰了杯，祝他健康，愿他能回来，愿他能活到自由那天。

一个月后，连她也被捕了。"四〇〇号"里的许多人都战栗了。因为她是监狱外面负责和狱内联系的人之一。

她一个字也没说。

他们没用棍棒去折磨她，她病得太重，受不住拳打脚踢。他们用了更可怕的手段去折磨她：想象。

在她被捕前几天，他们把她的丈夫运到了波兰去做工。现在他们对她说：

"您瞧，那边生活可不容易。健康人都难。何况您丈夫还是个残废。他撑不过去的。他的路会在那边的什么地方走到尽头的，您再也见不到他啦。那您还能再给自己找到谁？您，在您这把年纪？但您要是明智点，把您知道的告诉我们，我们立刻就把他还给您。"

在那边的什么地方走到尽头。我的佩比克！可怜的人！谁知道会是怎样的死亡！他们打死了我的姐妹，又要杀死我的男人，剩下我一个人，就我一个人，我还能给自己找到谁？是啊，在我这把年纪 …… 独自一人，孤零零地一直到死 …… 我能救他，他们能把他还给我 …… 是的，但是要付出什么样的代价？那样我就不再是我，他也不再是我的"小爹地"了 ……

她一个字也没说。

她消失在了盖世太保的一次无名押运中。不久传来消息：佩比克死在了波兰。

丽达

我第一次去巴克萨家是在一个晚上。家里只有约日卡和一个眼睛滴溜溜转的小家伙，他们管她叫"丽达"。不如说她还是个孩子。她好奇地上下打量我的大胡子，满意于有个新玩意儿落到家里，兴许可供她玩上片刻。

我们很快就成了朋友。出乎意料，原来这孩子都快十九岁了，她是约日卡的继妹，姓普拉哈①，性子里却鲜有羞怯的成分，业余还在剧院演戏，她热爱戏剧，超过一切。

我成了她信赖的人。由此我认识到：我已经只不过是个老先生了。她向我倾诉她少女的痛苦和梦想，和姐姐或姐夫发生矛盾时，她就逃到我这里来，就像寻求一位仲裁者。她和别的年轻女孩一样，脾气急躁，也和别的家中最小的孩子一样，娇生惯养。

我在半年后第一次走出屋子去散步，是她领着我的。

① 普拉哈在捷克语里的意思是"害羞的"。

瘸腿老先生如有女儿相伴，会比他独行时更不惹眼些。每个人都会去看她而不是他。因此我第二次去散步也和她一起，第一次去地下接头、第一次去地下联络点还是和她一起。就这样——按照如今起诉书的说法——自然而然地，她成了我的联络员。

她挺喜欢这份工作。她并不太操心这意味着什么，又对什么有益。一件新鲜事，有意思，不是人人都能做，带着冒险的味道。这对她来说就足够了。

到此为止的不过都是些琐事，我甚至不想对她多说。假如被捕，一无所知比起自知"罪行"对她是更好的掩护。

但丽达熟练起来了。她能做的已经不止跑到耶林尼克家去传个小口信了。是时候让她知道自己干的是什么事了。我开始告诉她。这是在授课，完全正规的课程。丽达勤奋地学着，高高兴兴地学着。她外表看上去还是原来那个小女孩，快快乐乐、头脑简单、带着点街头小淘气的味道，但内心已经不同了。她在思考。她成长了。

在工作中她认识了米列克。他已经承担过一些工作，也擅长就此侃侃而谈。丽达对他颇为钦佩。也许她并未看透他真正的内核，但就连我也没看透。重要的是，他仅凭自己的工作、表面上的信仰，就已经比别的小伙子离她更近了。

这在她心里迅速生长着，扎下了根。

1942年初她开始吞吞吐吐地提出入党的问题。此前我还从未见她这么困窘过，此前她还从未对什么东西这么认真过。我有些犹豫。我还在给她上课。我还在考验她。

1942年2月，她直接经由中央委员会被吸收入党了。我们穿过天寒地冻的深夜，走回家去。平日里她总说个不停，今天却沉默着。直到离家不远的田地里，她才忽然停住脚步，轻轻地，轻轻地，用轻到你同时还能听到每片雪花在脚下碎裂的声音说：

"我知道，今天是我生命中最重要的一天。现在我已经不属于自己了。我保证，我不会辜负你们的期望。无论发生什么。"

后来发生了很多事情。她果真未负所望。

与上级领导的最机密的联络由她负责。最危险的任务被交到她手上：恢复断掉的联系，拯救处境危险的人。当联络中继站或谁的住处"着了火"，丽达就到那里去，然后再像条鳗鱼一样溜掉。她一如既往地做着这些：自然而然，快快乐乐，无忧无虑，但行动之下已然坚实地埋下了责任心。

我们被捕一个月后，她也被捕了。克列仓的交代引发了对她的注意，之后就不难查明她曾帮助姐姐和姐夫出逃并潜入地下。她把头一歪，扮演起头脑简单、易于激动的少女，这角色压根就不晓得自己做了什么违禁的事，会给她带来什么严重的后果。

她知道的很多，却什么也没说。但最主要的是：她没有停止工作。环境变了，工作方式变了，连任务也变了。但对她来说，身为党员的责任没变，无论身处何地都绝不袖手旁观。她继续忠实、迅速而准确地完成全部的指令。如果需要解开乱成一团的局势，好能挽救外面的人，丽达就带着一脸无辜把某人的"罪行"揽到自己头上。她当上了庞克拉茨的走廊杂役，多亏了她从中牵线，几十个与她素不相识的人免于被捕。快一年后，一张刚传出去不久就被截获的纸条断送了她这份"事业"。

现在她和我们一起到帝国去上法庭。我们这整整一大群人中，只有她还有确实的希望活到解放。她还年轻。要是我们不在了，请你们别允许她溜号。她还有很多要学的。请你们教育她，别允许她落后。请你们引导她，别允许她骄傲，或者一辈子躺在功劳簿上。若干个最艰难的时刻，她都证明了自己。烈火的考验证明了她是块好钢。

我的警官

他已经不在雕像之列了。但作为小人偶他是有意思的，也比其余的要大上那么一点。

十年前的维诺赫拉德区"花神"咖啡馆里，你刚想拿个硬币敲敲桌子或者喊一声"领班，结账！"身边就会突然冒出一个瘦高个儿黑衣男人，他像水凫般悄无声息地在座椅间迅速穿行，把账单放到你面前。他行动起来像掠食动物般又快又轻，一双眼睛也像掠食动物般敏锐，把一切都尽收眼底。你甚至不必说出想要什么，他自会指挥服务生们："三号桌，大杯拿铁不加糖。""左窗，甜点加《人民报》！"他是客人们的好领班，其他雇员的好同事。

但那时我还不认识他。我认识他是在很久以后，在耶林尼克家里，这次他手里拿的不再是铅笔而是手枪，他指着我说：

"这一个我最感兴趣。"

确切地说，后来我们彼此互感兴趣。

他天生聪明，并且同其他人比还有个优势：与人打交道的经验很丰富。要是当个刑事警察，他定能借此功勋卓著。毛贼或凶手，这些不属于任何阶级、与世隔绝的人，大概会毫不犹豫地向他敞开灵魂，因为他们关心的只有自己的皮囊。但这种只求自救的人很少落到政治警察手里。政治警察的机智要较量的也不仅仅是被捕者的机智。他要较量的是强大得多的力量：被捕者的信仰和他所属的那个集体的智慧。而要对付这些，就无论是机智还是棍棒都不够用了。

在"我的警官"身上，你找不到强烈的内心信仰。其他的盖世太保也是一样。如果说其中的某几个可能还有信仰的话，那也是出于愚蠢，而不是源自对理念和对人的理解。如果说总体上他们还是取得了成功，那是因为斗争持续太久，空间太小，条件又比任何时候的地下工作都难上万倍。俄罗斯的布尔什维克们曾说：能在地下撑过两年的就是优秀工作者。但要是莫斯科烫得站不住脚了，他们还可以转移到圣彼得堡，再从圣彼得堡转移到敖德萨，消失在那些上百万人口、谁也不认识他们的城市里。而这里你只有布拉格、布拉格、布拉格，城里有一半人认识你，能集结起一整群红旗特务。但就这样我们也坚持了好几年，有同志在地下生活了五年都没被盖世太保发现。这是因为我们学会了很多，是的。这也是因为敌人虽然强大残暴，但除了屠杀之外，会的也没多少。

在 II-A1 科，有三个人享有最无情消灭共产党的声誉，他们被授予黑白红三色缎带，以表彰他们在反对内部敌人战斗中的英勇，他们是：弗里德里希、赞德尔和"我的警官"——约瑟夫·博姆。他们很少谈论希特勒的民族社会主义，谈论得就和他们知道的一样少。他们战斗不为政治理念，而是为了自己，各有各的一套。

赞德尔——肝火旺的小个子，论起警察手段来大概数他最为精通，而他更精通的则是敛财。他曾被从布拉格调到柏林干了几个月，却很快乞求回调。到帝国首都工作对他来说是降职，是经济上的损失。在黑非洲或布拉格做殖民地官员权力更大，更适合充实银行账户。他很勤奋，喜欢在午饭时间审问，好展示自己的勤奋。他这样展示，是为了不让人家瞧见他对工作之外的事情更为勤奋。落到他手里的人真是倒霉，而家里还有存折或有价证券的人，则更是双倍倒霉。这人必须在最短的时间内死掉，因为存折和有价证券是赞德尔的嗜好。他被认为是最精于此道的职员。（这让他有别于自己的助手兼翻译——捷克人斯莫拉，后者是个绅士强盗：谋到了财，就不害命。）

弗里德里希——高、瘦、黑，凶恶的眼睛，凶恶的笑。早在1937年他就以盖世太保间谍的身份来到捷克斯洛伐克共和国，好帮忙解决掉移民过来的德国同志。因为他的嗜好是死人。他不知道什么叫作无辜。谁跨过了他办公室的门槛，谁就有罪。他喜欢告诉女人们，说她们的丈夫已经死在集中营里，或者被处决了。他喜欢从抽屉里拿出七个小骨灰盒，展示给被捕者：

96

"这七个都是由我亲手揍死的。你将是第八个。"

（现在已经有了第八个，因为他又打死了扬·奇日卡。）他喜欢翻阅旧的审讯供词，碰到死者就满意地对自己说："销账啦！销账啦！"他还特别喜欢折磨女人。

他对奢侈品的爱好——已不过是他从事警察工作的附属动机。装修精致的住宅或商品丰盛的店铺只会加速你的死亡。事情就是这样。

他的捷克助手——奈格尔，比他矮大概半个头。这指的是身高方面。除此之外两人没什么分别。

博姆——我的警官——既不嗜好金钱，也不嗜好死人，尽管他在这两项上也并不输给前面两人多少。他是个冒险者，渴望成为大人物。他也早就在给盖世太保当差了。贝兰①的人在拿破仑沙龙秘密集会时，他在那里当服务生——贝兰自己没告诉希特勒的，博姆会补充上。但这点小事，又怎么能比得上抓人，成为掌握他们生杀大权、决定他们全家命运的大人物呢！

————————————————

① 鲁道夫·贝兰（1887—1954），捷克斯洛伐克政治家，曾出任捷克斯洛伐克总理。

要让他满意，不一定总需要结局如此悲惨。但如果不这样做他就没法出人头地的话，那结果可能会更糟。因为对追求黑若斯达特斯式荣耀①的人来说，美和生命又算得了什么？

他给自己组建起一个可能是最大的红旗特务网，像带着一大群猎狗的猎人。他捕猎，常常只是为了捕猎的快感。审讯——大部分情况下对他来说已不过是无聊的行当。对他来说最重要的是逮捕，然后看着人们在他眼前等候他的发落。他曾经逮捕了两百名布拉格公交车和无轨电车的电工、司机和售票员，赶着他们在路中间走，阻碍车流行进，制造交通混乱。这样让他感到幸福。然后他又把其中的一百五十人给放了，满足于有一百五十个家庭会把他当作好人来谈论。

他接到的案子通常都是这类，涉及面大但琐碎。我，这个他偶然打到的猎物，是个例外。

---

① 黑若斯达特斯是一名古希腊青年，为了在历史上留名，纵火烧毁了阿耳忒弥斯女神殿。在西方语言中，他的名字用来描述那些为了出名不择手段的人。

"你是我办过的最大的案子。"他常常坦诚地对我这么说，并骄傲于我的案子也是最大重案之一。也许这也延长了我的生命。

我们竭尽全力地互相欺骗，不带停顿，但有所选择。我总是知道他在骗我，他只是有时知道我在骗他。一旦谎言曝了光，我们就心照不宣地跳过它。我想他并不是那么在乎查清事实，他更在乎的是别在他的"大案子"上留下什么阴影。

他并不把棍棒和锁链视作唯一的审讯手段，而是更喜欢根据他对"自己的"犯人的评价，实行劝说或恐吓。他从未折磨过我，除了第一天晚上有可能动过手。但如有需要，他会借他人之手以达此目的。

他的确比其他所有的盖世太保都更有趣，更复杂。他拥有更丰富的想象力，也会利用它。我们曾乘车到布拉尼克区去赴一个假想出来的接头。之后我们常常坐在那里的露天饭馆，看着周围川流不息的人群。

"我们逮捕了你，"他评论道，"你瞧瞧，有什么东西变了么？人们还是和以前一样走着、笑着，要么忧心着，世界也和以前一样运转着，就像从未有过你这个人。这些人当中肯定还有你的读者——你想想，他们会因为你而多添一条皱纹吗？"

还有一次，在一整天的审问后，他把我塞进小轿车，驶过夜色中的布拉格，沿着聂鲁达街向上，开到布拉格城堡前。

"我知道，你爱布拉格。好好瞧瞧吧！你难道不想再回到它的怀抱中去吗？它多美啊！就算你不在了，它也还是这么美……"

他出色地扮演着"试炼者"①的角色。夏夜给布拉格带来了入秋的气息，淡蓝色的布拉格裹在夜幕中，宛如成熟中的葡萄，又如葡萄酒那般醉人。我愿意一直看着它，直到世界终结……但我打断了他的话：

"它还会更美的，等到你们不在了。"

---

① "试炼者"为专有名词形式，暗指《圣经》中《马太福音》第4章8—10节和《路加福音》第4章5—8节，耶稣经历试炼：魔鬼又带他上了一座最高的山，将世上的万国与万国的荣华都指给他看；对他说："你若俯伏拜我，我就把这一切都赐给你。"耶稣说："撒旦退去吧！因为经上记着说：'当拜主你的神，单要侍奉他。'"

他猝然一笑，笑容并不狠毒，毋宁说有几分悲伤。他说："你嘴真毒。"

后来我们越来越频繁地聊到这个晚上：

"等到我们不在了——也就是说，你还是不相信我们会胜利么？"

他之所以这么问，是因为他自己就不相信。当我给他解释苏联的力量和它为何不可战胜时，他认真地听着。其实，我最后几次的"审讯"里，有一次就是在讲这个。

"你们每杀死一个捷克共产党员，"我对他说，"也是在杀死德意志民族希望的一部分。只有共产主义能拯救德意志民族的未来。"

他摆了摆手：

"没有什么能拯救我们。假如我们被打败了，"他从口袋里掏出手枪，"你瞧，最后这三颗子弹我留给自己。"

——但这已经不仅是在刻画一个小人偶了。这还是在刻画一个日薄西山的时代。①

————————————

① 黑体部分文字从捷克语第一版被删节，直到第九版（1949年）才重新出现。

（背带－间奏）

对面牢房的门旁挂着一副背带。普普通通的男用背带。这东西我从来就不喜欢。而现在，只要我们牢房的门一打开，我就会满心欢喜地瞧着它。我在那上面看见了一丝希望。

他们逮捕了你，也许揍你揍到死，但要先把你的领带、腰带或者背带收走，好让你没法上吊（尽管床单也挺好用的）。然后这些危险的寻死工具就躺在监狱的办公室里，直到盖世太保那边某个未知的命运女神做出决定，你该被发送到别的什么地方去了：去做工，去集中营，或者去刑场。然后他们就把你叫去，摆出一副公职人员的庄重模样把这些东西还给你，但不许你带进牢房。你必须把它们挂在外面：牢房门边或者门前的栏杆上，一直挂到押运你的车启程。它成了一个显而易见的标志：这间牢房有一名居民已经准备就绪，即将开启非自愿远行。

正是在对面那副背带出现的那天，我得知了指定给古斯蒂娜的命运。对面牢房的同志也是去做工，和她坐同一班车押运。车还没有出发，突然推迟了，据说是因为他们要去做工的地方遭到了轰炸。（又是一个好兆头。）何时再次启程，没有人知道。也许今晚，也许明天，也许一周后，也许两星期。对面的背带一直挂在那儿。而我知道：只要我还看得到它，古斯蒂娜就还在布拉格。因此我愉快地、满怀爱意地看着它，就像看着某个能帮她的人一样。它赢得了一天、两天、三天……谁知道，这能带来怎样的好处？也许就是这多出的一天，能救下她的命。

在这里我们全都这样生活。今天，一个月以前，一年以前，我们始终只瞧着明天，那里有希望。你的命运已经决定了，后天就要被枪毙——啊，但明天都有可能发生什么呢！只要能活到明天，一切都可能会改变，一切都是那么地不确定，是的，谁知道，只要到了明天就可能会发生些什么。明天过去了，几千人倒了下去，这几千人已经没有明天了，但活着的人依然怀着不变的希望继续活着：明天，谁知道，只要到了明天就会发生些什么。

由此滋生了最傻的谣言，每一周，都会生出关于战争结束期限的某种玫瑰色预测，所有人都投身于谣言的传播；每一周，庞克拉茨都在低语着某个令人愉快的新的轰动事件，而人们又如此乐于相信。你要与此斗争，戳破虚假的希望，因为它们不能给人以力量，还会削弱人的品质，因为乐观主义不需要也不应该用谎言来饲喂，而应该用真实、用对无可怀疑的胜利的清晰预见来培养。但你心里也存在那根本性的信念：一定有那么一天，会成为决定性的一天，而你赢得的那一天，也许就能带你跨过死与生的边界，从威胁着你的死，迈入你不愿意交出的生。

人一生的日子这么少。而在这里你却渴望它们能快点过去，再快点，以最快的速度过去。时间，留不下、抓不住的时间，一刻不停地催人老去的时间，在这里成了你的朋友。这多么奇怪啊！

明天成了昨天。后天成了今天。时间就这样流逝了。

对面牢门旁的背带依然挂在那儿。

第六章　1942年的戒严

1943年5月27日。

下面写的是整整一年前的事了。

审讯完他们把我带到楼下的"电影院"。这是"四〇〇号"的每日行程：中午去楼下吃从庞克拉茨送来的午饭，下午回到四楼。但这一天我们却没再回楼上。

你坐下，吃饭。长凳上坐满了囚犯，忙着用勺子往嘴里送饭，忙着咀嚼。这看起来和常人的生活几乎无异。而假如那些明天就要死掉的人们在这一瞬间全变成骷髅，那么勺子和陶碗的碰撞声就会突然淹没于骨头摩擦的窸窣声和颌骨咬合的单调的咔吧声中了。但此时还没有人预感到这些。每个人都津津有味地给自己的身体补充着能量，好能再活上一周、一个月、一年。

几乎可以评价为：风和日丽。然后突然刮过一阵飓风。接着又平静下来。只有从看守的脸色上你兴许能判断出：有什么事发生了。接下来你就更肯定了，因为他们把我们叫了出去，排好队以运回庞克拉茨。大中午的！前所未有。半天不用受审 —— 设想一下，你已经被一个个你没法回答的问题给弄得疲惫不堪了 —— 这简直就是天赐之礼。似乎是这么回事。但实际情况并不如此。

在走廊上我们碰到了艾利阿什将军①。他的眼神激动不安。他瞥见了我，尽管围着一群看守，他还是低语了一声：

"戒严。"

囚犯们只有一瞬间来传递最重要的信息。对我无声的提问，他已来不及作答了。

---

① 阿洛伊斯·艾利阿什（1890—1942），占领时期头几年担任保护国政府主席。1941年9月27日被逮捕，10月1日被判处死刑，但在希特勒的指示下暂缓处决。艾利阿什在被关押期间享有特殊待遇，包括每天都能读到某些报纸，允许探访，特定时段内牢门不上锁，以及与某些被捕军官接触。艾利阿什于1942年戒严期间被处决。

庞克拉茨的看守们对我们提前归来颇感惊讶。那个带我回牢房的看守最令人信任。我当时还不知道他是谁，但我还是把听到的告诉了他。他摇了摇头。他什么都不知道。也许是我听错了。是的，有可能。这让人心里平静了些。

但当天晚上他又来了，朝牢房里看了看，说：

"您说对了。刺杀海德里希。重伤。布拉格戒严。"①

第二天早晨的楼下走廊上，我们整队被运去受审。维克多·希奈克同志也在我们当中，他是1941年2月被捕的那批中央党委里最后一位还活着的。一个瘦高个子管钥匙的人，身穿党卫队制服，在他眼前晃着一张白纸，你瞥见上面写着粗体字：

"出监令。"②

他残忍地放声大笑着：

"看到了吧，犹太人，终于给你等到了。出监令！咔

---

① 1942年5月27日，保护国最高长官海德里希被被流亡英国的贝奈斯政府派出的刺客刺杀，布拉格实行戒严，后扩大到整个波希米亚和摩拉维亚保护国。戒严法庭成立，开始批量宣判并执行处决。

② 原文为德语。"出监令"表示要从监狱离开，可能是释放、转移或者这里说的去执行死刑。

107

嚓 ——"

他用手指在脖子处比画，示意维克多的头将从那里飞
出去。奥托·希奈克是1941年戒严处决的第一人。维克多，
他的弟弟，则成了1942年戒严的首个牺牲品①。他们把他
运往毛特豪森。按他们优雅的说法，送去猎场了。

庞克拉茨和佩切克宫之间的往返路途如今成了几千名
囚犯每日的髑髅地②。囚车里负责看守的党卫队员们，在
"代海德里希复仇"。车还没开出一公里，就有数十个囚犯
在流血：或是被打坏了嘴，或是被枪托砸破了头。我在场
对车里的其他犯人有好处，因为我下巴上的大胡子会吸引
党卫队员的注意，引诱他们开些别出心裁的玩笑。他们像
在摇晃的汽车里抓吊环一样抓着它，这是他们最喜欢的娱
乐之一。对我来说，这倒是不错的审讯热身。审讯情况由
总体局势而定，通常这么结束：

"到明天还不长点脑子，你就要被枪毙啦。"

这话里已经没有恐吓的成分了。一晚又一晚，你听见

---

① 奥托·希奈克和维克多·希奈克都是捷共第一地下中央的成员。

② 髑髅地是基督教中耶稣被钉上十字架的地方，也被称为"各各他"。

楼下走廊上喊着名字。五十，一百，两百，不一会儿就被捆起来装上载重卡车，像待宰的牲口一样，运去科比利斯集体屠杀了。他们有什么罪？他们最大的罪就在于没罪。他们被捕了，跟哪件重案都没关系，他们的案件也没什么需要侦破的，因此适合送去处死。刺杀事件的两个月前，一位同志给其他九位同志读了首讽刺小诗，导致他们全体被捕。现在他们被运去处决，因为他们 —— 赞同刺杀。半年前有名妇女因涉嫌散播非法传单被捕。她没承认。于是现在就逮捕了她的兄弟姐妹，还有她姐妹们的男人和她兄弟们的女人，把他们统统处决了，因为这场戒严的口号就是杀尽全家。一个被误捕的邮政职工站在楼下墙边，等着释放。他听见自己的名字就答了声"到"。他们把他排进被判死刑的那队人里，运走枪毙了，直到第二天才弄清楚，该被处决的是另一个同名的人。于是他们把这个人也枪毙了，一切恢复正常。仔细核对那些被剥夺生命的人的身份 —— 有谁要为此耽误时间！当要被剥夺生命的是整个民族时，这难道不是多此一举么？

那天我受审直到晚上才回来。楼下墙边站着弗拉迪·万楚拉，脚边有个小包，装着自己的东西。我很清楚这意味着什么。他也一样。我们握了握手。从楼上走廊我还看见了他。他站在那儿，微倾着头，凝视远方，那目光穿越了整整一生。半小时后，叫到了他的名字……

几天后又是在这堵墙边，站着米洛什·克拉斯尼，一位英勇的革命战士，早在去年十月就被捕了，无论是折磨还是单独监禁都没能压倒他。他从面朝墙壁的方向半侧过身子，平静地对站在身后的看守解释着什么。他瞥见了我，笑了笑，点点头作为告别，然后继续说道：

"这丝毫也帮不了你们。我们还会有很多人倒下，但终将被打败的是你们……"

然后又是某天下午。我们站在佩切克宫的楼下，等着吃午饭。他们把艾利阿什带了来。他的胳膊底下夹着报纸，笑着拿给人看：他刚在上面读到自己和刺杀实施者们之间有联络。

"瞎扯！"他简短地说了句，开始吃饭。

晚上和其他人一起回庞克拉茨的路上，他还兴致勃勃地谈论着这件事。一个小时之后，他们以此罪名把他带出牢房，运去了科比利斯。

死人越堆越多。已经不再是几十、几百，而是数以千计。持续流淌的鲜血刺激着野兽们的鼻孔。他们"办公"直到深夜，连周日也"办公"。现在他们全都穿上了党卫队的制服，这是他们的节日，屠杀的庆典。他们把工人、教师、农民、作家、职员赶向死亡；他们杀掉男人、女人甚至孩子；他们灭门，屠村，再烧个干净。子弹像瘟疫般横行四方，不加选择。

而身处这恐怖中的人呢？

生活。

难以置信。可是人在生活，吃饭，睡觉，恋爱，工作，想着千百桩与死亡毫不相干的事情。也许巨大的困苦就压在他后颈上，可他担着，既不垂头，也不屈膝。

在戒严的正当中，我的警官把我带去了布拉尼克。美好的六月天，空气里弥漫着菩提树和晚开的槐花的芬芳。这是一个周日的晚上。通往电车终点站的公路上，挤满了郊游归来的滚滚人潮。熙熙攘攘，快快活活，被阳光、水和自己所爱之人的臂弯怀抱着，尽兴到精疲力竭。唯有死

111

亡，唯有那萦绕在他们身边，甚至瞄准着他们中的某些人的死亡，你从他们脸上看不到分毫。他们一群群拥来挤去，顽皮又可爱，就像兔子一般。就像一群兔子啊！你伸手从它们当中抓出一只大快朵颐——余下的缩进角落，但转瞬之后，它们就又出来了，带着自己的忧愁，带着自己的快乐，带着自己对生命的全部兴致，继续拥来挤去。

我被从那个高墙围困的监狱世界突然塞进这动人的潮流里，品尝着它甜蜜的幸福，最初只觉苦涩。

不对，不对。

我在这里看见的是生命。无论是我刚刚离开的那个地方的，还是这里的，合在一起，都是生命，负担着骇人的重压，却不会被摧毁。在一处被扼杀又从千百处萌芽，比死亡更有力的生命。这有什么好苦涩的呢？

再说了，难道我们，牢房中的我们，直接活在这恐怖里的我们，是用另一种材料造的么？

有那么几次，运我去受审的是警局的小车，那里面的看守举止要温和些。我就会透过车窗看街道，看商店橱窗，看花亭，看一群群的行人，看女人们。有一次我对自己这么说，假如我能数出九双漂亮的腿，那么我今天就不会被处决。然后我就数着，打量着，比较着，认真地品评它们的线条，给予好评或者不予接受，如此痴迷，不是仿佛我的生死由此而定，而是仿佛我本就性命无虞。

我回到牢房时通常已经很晚了。佩舍克老爹总是坐立难安：我到底还会不会回来？他拥抱我，我简短地告诉他发生了什么新的事情，昨天又有谁倒在了科比利斯——然后我们狼吞虎咽地吃下那些令人作呕的干菜，愉快地唱上几支歌，或者带着孩子气玩愚蠢的掷骰子游戏，这游戏会吸引我们全部的注意力。而这一切都是在夜晚时分，期间我们的牢门随时可能被打开，响起给我们当中的某人的死亡讯息：

"你，要么你，下楼！东西全带上！快！"

这次没叫我们。我们活过了这个恐怖的时期。今天我们回忆起来，甚至惊叹于自己的情感。人的构造是多么地奇特，好让他能把那些不可承受的都一并承受！

然而，要让这些时刻不在我们心灵某处留下深深的痕迹，那是不可能的。也许它们就像卷起的电影胶片一样存放在我们的脑海里，假如我们能活到真正的生活到来之际，它们就会在某一天展开，疯狂地展开。但也许我们在银幕上看到的不过是一个巨大的墓园，绿色的花园，珍贵的种子播撒在里面。

珍贵的种子，终将破土。

第七章　群像谱(二)

(庞克拉茨篇)

监狱里有两种生活。一种被关在牢房里，与世界严密隔绝，但只要是有政治犯的地方，它就以最紧密的方式与世界处处相连。另一种在牢房外，在长长的走廊上，在忧郁的半明半暗中，那是个只为了自己的孤单的世界，它套在制服里，比牢房里的更加与世隔绝。在这个世界里，人偶众多，雕像很少。我想讲述的就是它。

这个世界有自己的博物志，也有自己的历史书。要是没了这两样，我不可能这么深入地认识它。我知道的就会仅仅是舞台朝向我们的那个侧面，仅仅是它的表面，像沉重的铁块般压在牢房居民头上、貌似完整坚固的表面。一年前还是这样，半年前也还是这样。而现在这表面上已经满是裂缝，露出了一些面孔：低微可怜的、和颜悦色的、心事重重的、招人发笑的，形形色色，但总归都还是人的面孔。政权的困境也压到这个昏暗世界的每个成员身上，把他们内在一切属于人的东西都挤出来见了光。有的真的很少，有的稍微多些。多寡不同，形成了若干类型。当然，你在这里还能找到几个完整的人。但这几个人并不会坐等你去找他们的。他们不需要等到自己陷入了困境，才开始帮助他人。

监狱不是个快乐的机构。但牢房外的世界要比牢房里的更悲哀。友谊活在牢房里 —— 而且是怎样的友谊啊！那是在前线上结成的友谊，处于长久的危险之下的友谊，今天你的性命可能掌握在我手里，明天我的性命交到你手上。而在处于这种政权之下的德意志族看守之间，友谊却寥寥，就不可能会有。他们被告密的氛围所包围，一个跟踪检举另一个，每个人都在独自提防着表面上的"同伴"；他们当中最好的那些，不能也不愿做孤家寡人，就给自己找伙伴去了 —— 还是去牢房里找。

有很长一段时间我们都不知道他们的名字。名字不重要。我们私底下用绰号来称呼他们。绰号要么是我们起的，要么是我们之前的人起了然后在牢房里传承下来的。有些人的绰号跟牢房数目一样多，他们属于普通型，既不是大鱼，也不是小虾。他们在这里多添点午饭，在隔壁牢房里劈脸就打，接触犯人不过是几秒钟的事情，却持久地印在牢房的记忆里，产生了片面的印象和片面的绰号。有时绰号则在牢房间保持一致。这些人的特点更为固定一些。要么这样，要么那样。要么好，要么坏。

瞧瞧这些类型吧！瞧瞧这些小人偶！他们可不是什么随便拼凑的乌合之众。他们是纳粹政治军队的一部分，是选出来的人，政权的支柱，社会的依靠……

"救命人"

高，胖，男高音的嗓子："党卫队预备队员"劳斯，来自德国科隆的学校后勤。和所有的德国学校后勤一样，他也修完了急救课程，有时会给监狱助理医师代班。他是我在这里接触到的第一个人。他把我拖进牢房，放到草垫上，检查了伤势，覆盖上第一块敷布。也许他真的帮忙救了我的命。这又表现出了什么呢：表现出他是一个人？还是他学过急救课程？我不知道。但当他打掉被捕犹太人的牙齿，强迫他们吞下满勺盐或沙子作为万灵药时，表现出的就是地地道道的纳粹主义了。

"吹破天"

好心肠，爱聊天，来自布杰约维采啤酒厂的马车夫：法比安。他走进牢房，满脸笑容，带食物来，从不伤害人。你都不会相信，他会在牢门后一站就是几小时，监听牢房里都说了些什么，然后带着每个芝麻大点的可笑消息跑去上级那儿汇报。

科克拉

他也是来自布杰约维采的啤酒工人。这里有不少来自苏台德地区的德意志族工人。"问题不在于工人作为单独的个人怎么想或怎么做,"马克思曾经这么写过,"而在于工人们作为一个阶级,必须做到什么才能完成自己的历史使命。"这里的这些工人对自己阶级的使命一无所知。他们被从自己的阶级中抽离了出来,摆在它的对立面,他们的理念悬在了半空中,他们自己很可能也将如此。

他到纳粹这儿来是为了生活轻松点。而后来事实证明,这比他设想的要复杂。从那时起,他脸上失去了笑容。他押了纳粹赢。后来事实证明,他押了匹死马。从那时起,他的精神也崩溃了。夜里他穿着软底便鞋沿着监狱走廊独自游荡,毫无意识地把自己布满阴霾的思绪留在了积灰的灯罩上:

"一切都在茅房。"—— 他在那里诗意地写道,还考虑着是否要自杀。

白天他催促着囚犯,也催促看守,他用刺耳的、急促的声音咆哮着,以逃避内心的恐惧。

罗斯勒

高，瘦，粗糙的低音，在这里能做到由衷大笑的少有的几个人之一。他是来自亚布洛内茨的纺织工人。他上牢房里来讨论，一聊好几个小时。

"我怎么干上这一行的？有十年啦，我的工作老是断断续续。一星期二十克朗养活一大家子——你晓得的，这叫人怎么活嘛？然后他们来啦，说：我们给你活儿干，跟我们走吧。我就来啦——他们就给了我这活儿。给我，也给其他所有人。有的吃，有的住，可以活下去了。社会主义吗？唉，好吧，不是一回事。这和我以前设想的社会主义不一样。不过现在这样，比以前强。

"不对？打仗？我可没想着要打仗。我可没想着要让别人死。我就想着我要活。

"不管我想着没想着，都是在帮忙？那我现在要怎么办？我在这里伤害了谁啦？要是我走了，换成别人，说不定还会更糟。那样又能帮到谁呢？仗打完了，我就回工厂去……

"那你说，谁会赢呢？ 不是我们？ 那是你们吗？ 然后我们又会怎样呢？

"这就完啦？ 可惜了的。和我以前想的可不一样。"然后他就迈着漫不经心的大步走出了牢房。

半个小时后他又回来了，问起苏联到底什么样。

"它"

有天早晨我们站在庞克拉茨楼下的主走廊上，等着被运去佩切克宫受审。每天我们都这样额头贴墙站着，好叫我们不知道身后发生了什么。但那天早晨我们身后却响起了一个我从未听过的新的声音：

"我什么也不想看到，什么也不想听到！ 你们现在还不认识我，你们会认识我的！"

我笑了起来。在这里训话，援引《好兵帅克》① 里杜布

---

① 捷克作家雅罗斯拉夫·哈谢克的讽刺小说，描写了帅克这个典型的"非暴力不合作"底层人物在第一次世界大战中的经历。

中尉那个可怜的蠢货，还真是正合适。迄今为止，还不曾有人勇敢到如此大声地说出这句俏皮话。但旁边更有经验的人捣了我一下，提醒我别笑，也许是我想错了，也许这不是当俏皮话来讲的。的确不是。

在我们背后发表此番言论的，是个套在党卫队制服里的小不点儿，显然不知道什么帅克不帅克的。"它"说起话来像杜布中尉，那是因为以灵魂而论，两人称得上是亲戚。"它"被喊"维特翰"会答应，还曾用"维坦"这个名字在捷克斯洛伐克军队里长期服役①。"它"说对了：后来我们真的是透彻地认识了"它"，提起他时从来只用中性代词的"它"。因为说真的，要给这个集可怜、迟钝、压榨和恶劣于一身的混合体，这个庞克拉茨监狱统治的骨干之一，找个贴切的绰号，我们的创造力确实已经山穷水尽了。

这头小猪还没膝盖高，对这种一心向上爬又爱炫耀的卑微小人，要戳到他的最痛处，人们就会这么说。一个人

---

① "维特翰"和"维坦"分别是同一个名字的德语和捷克语变种。

的灵魂该有多渺小，才能让他因自己身材矮小而备受煎熬。而维特翰就是这样，为此他报复所有在身材或灵魂上比他高大的人，也就是说，所有人。

不是用拳脚。要动武他胆量还不够。他靠的是告密。有多少囚犯因为维特翰的汇报而付出了健康的代价，又有多少付出了生命——因为你离开庞克拉茨到集中营去时带着怎样的附注，这并不是无关紧要的。或者说，你到底还能不能离开庞克拉茨①。

"它"可笑至极。"它"一个人在走廊上庄严地漂来荡去，梦想着自己非常重要。一旦撞上人，"它"就立刻感到需要爬上什么地方去。如果"它"要审问你，"它"就坐到栏杆上，这个不舒服的姿势兴许一撑就是一小时，因为这样能高过你一头。如果刮脸期间由"它"看守，"它"就登上小梯子，或者在长凳上踱来踱去，发表自己那几句别具匠心的言论：

"我什么也不想看到，什么也不想听到！你们现在还

———————————

① 不能离开庞克拉茨，暗含着因被人告密而死在庞克拉茨的意思。

123

不认识我……"

早晨半小时放风时，"它"至少也要走在草坪上。相比平地，草坪能把"它"抬高个十厘米。"它"像皇帝陛下般庄严地走进牢房，然后立马站到椅子上，以便在检查时能居高临下。

"它"可笑至极，但——就像掌握着人们生杀大权的衙门里的每个蠢货一样，也危险至极。"它"的短浅里还藏着天赋：能把蚊子变成骆驼。"它"所知道的就只有一条猎犬的任务是什么。因此，任何偏离了事先写下的条文的事，哪怕只是差之毫厘，对"它"来说都是一起违背了"它"的使命的重大事件。"它"罗织起种种违反纪律条例的罪行，以便晚上躺下时可以安心，自认为是个重要人物。而又有谁会去核实，"它"的汇报中有多少真实成分呢？

斯梅唐斯

魁梧的身材，圆圆的脸庞，呆板的眼神，活脱脱一个格罗兹①漫画里的纳粹冲锋队员。他曾在立陶宛的边境地区当挤奶工，但出人意料，这种美好的家畜没在他身上留下一丁点高贵的气质。他被上层看作德意志美德的化身：果断、强硬、廉洁奉公（他是这里不向走廊杂役勒索食物的少有的几个人之一），但是——

某个德意志学者，具体是谁我已经不记得了，曾在什么时候根据动物能辨认的"单词"数量来计算其智商。我记得他好像就此确认，智商最低的动物是家猫，它只能认出一百二十八个单词。啊，和斯梅唐斯摆在一起的话，家猫该是什么样的天才！庞克拉茨从斯梅唐斯嘴里就只听到过四个字：

"当心啊你！"②

他每周要交两三次班，每周也就有两三次他要毫无希望地伤透脑筋——而结局总是糟糕的。有一次我看到监狱长在指责他，因为窗户没打开。有那么一小会儿，这

① 乔治·格罗兹（1893—1959），德国表现主义画家，以讽刺性社会批判画闻名。

② 原文为德语。

125

堆肉山在两条短腿上不知所措地翻滚，垂下的圆脑袋变得更低了，低垂的嘴角执拗而吃力地重复着耳朵正在听到的话——突然这整整一大堆物质像汽笛般尖叫起来，给所有的走廊带来了惊慌，但没有人明白发生了什么，窗户照旧关着，只有离斯梅唐斯最近的两名犯人，鼻子流着血。这就是他找到的解决方案。

就是这样，一直这样。打，撞上谁打谁，打，兴许一直打到死——这个他知道。他也只会这个。有一次他闯进集体牢房去打一个犯人，这个正生着病的犯人倒在地上抽搐。剩下的犯人也得跟着他抽搐的节奏做下蹲的动作，直到病人完全耗尽了力气——而斯梅唐斯则两手叉腰，带着低能儿的笑，满意地打量着自己如何成功解决了这一复杂状况。

一个原始人，所有教给他的东西中就记住了一样：可以打人。

但就连这样的一个生物，他的内部也有什么东西在崩溃。大约一个月前，有两人——他和K①——单独坐在

---

① 手稿上没有写出名字，仅仅留下了这个首字母。

监狱的犯人登记室里，K向他解释时局。过了很长时间，很长很长的时间，斯梅唐斯才理解了至少那么一小点。他站起来，打开登记室的门，小心翼翼地上下打量着走廊。四下一片寂静，深夜时分，监狱在沉睡。他关上门，仔细锁好，然后缓缓地坍塌在椅子上，说：

"那么你认为⋯⋯？"

他把头埋进手掌里。可怕的重负压在这魁梧的身体里微小的灵魂上。他就这样埋着头，坐了许久。最后他抬起头，绝望地说：

"你说得对。我们已经不可能赢了⋯⋯"

庞克拉茨已经有一个月没听到斯梅唐斯好斗的吼叫了。新来的犯人不再知道，他曾经下手有多重。

监狱长

略矮，总是很优雅，穿便装如此，穿党卫队中尉制服也是如此，生活安逸，知足常乐，喜欢狗、打猎和女人——这是与我们无关的一面。

另一面 —— 也就是庞克拉茨对他的认识：粗暴、凶狠、没教养、典型的纳粹式傲慢，为了保住自己可以牺牲掉任何人。他叫索帕 —— 如果名字还有几分重要的话 —— 来自波兰。据说他学过铁匠活儿，但这种正直的手艺没在他身上留下任何影响。他加入希特勒的队伍已经很久了，靠巧舌如簧给自己挣到了今天这个位置。为了守住这个位置，他可以不择手段，对任何人都冷血无情，无论犯人还是职工，孩子还是老人。庞克拉茨的纳粹雇员之间没有友谊，但完完全全连一丝友谊的影子都见不着的，就只有索帕。这里他唯一可能看得上眼、会多说几句的，是监狱助理医师、管理员维伊斯奈尔。但看上去只是他单方面如此。

他只知道自己。为了自己，他挣到了这个老爷地位，为了自己 —— 他会忠于政权直到最后一刻。他大概是唯一一个没考虑过给自己留条什么后路的人。他知道没有后路。纳粹倒台，就是他倒台，就是他富足生活的终结，他辉煌住所的终结，他优雅举止的终结。（为了这种优雅，他甚至不羞于穿上被处决了的捷克人的衣服。）

就此终结。是的。

监狱助理医师

监狱管理员维伊斯奈尔 —— 庞克拉茨监狱里一个特殊的小人偶。有时你觉得他根本就不属于这里，但有时你又甚至没法想象一个没有他的庞克拉茨。他不在病号室就在走廊上，迈着细碎、摇晃的步子游逛，自言自语，总是在观察，不停地观察。就像个外国人，只是来这里待上片刻，想要带走尽可能多的印象。但他又有本事像手法极其纯熟的"牢头"那样，迅速而无声地插钥匙、开牢门。他有种冷幽默，能在言语下藏满潜台词，同时又不把两者联系在一起，叫你没法抓住他的把柄。他接近人，但同时不允许任何人接近他。他不告状，不抱怨，尽管他看见了很多。他走进牢房，里面全是烟味。他大声地抽抽鼻子：

"嗯，"他咂了一下嘴，"在牢房里抽烟，"又咂一下，"是严禁的。"

但他不去举报。他总是皱着眉、苦着脸，好像有某种巨大的痛苦在折磨着他。他显然不愿与政权有任何关系，他为它服务，每天为它的牺牲品疗伤。但他不相信这个政权，不相信它的稳固性，就连以前也从未相信过。因此他没把全家从弗罗茨瓦夫迁到布拉格来，尽管鲜有从帝国来的职员会放过这个在占领国白吃白喝的机会。但他也做不到与反抗这个政权的人们有什么关系。他和他们融不到一起。

他对我的治疗勤勤恳恳，忠于职守。大部分情况下他都是如此，对那些受刑过重的囚犯，他能做到不容置辩地禁止把他们运去审讯。也许这是为了他良心的安宁。但在其他特别需要他帮助的地方，他又不施以援手。也许，那是恐惧攫住了他。

他属于小市民型，孤零零地夹在两种恐惧之间，恐惧现在统治着他的，也恐惧将要到来的。他四下寻找着出路，却始终找不到。他不是个大老鼠，仅仅是只小之又小的耗子，困在了陷阱里。

逃脱无望。

"浪荡子"

他已经不是个纯粹的小人偶了。但还不全是雕像。他处于两者的过渡阶段。要成为雕像，他还缺乏清晰的意识。

其实这样的人这里有两个。他们是普通人，敏感，最开始是心里遭罪，惊诧于自己陷入的恐怖，然后渴望着挣脱出去；他们缺乏独立自主性，因此寻找着支持。把他们领到正确位置上的与其说是认识，不如说是本能；他们帮助你，是因为他们期待从你这里得到帮助。应该为他们提供帮助。现在是这样，将来也是。

这两个人——庞克拉茨所有德意志族员工中仅有的两个——也曾到过前线：

哈瑙尔，来自兹诺伊莫的制衣工人，不久前刚从东线回来，带着自己努力搞出来的冻伤。"打仗不是人干的事儿"，他带着点帅克的味道讲起哲学来，"我在那儿没事干。"

霍法尔，来自拔佳公司的快乐鞋匠，进军法国时他也参与了，尽管他们许诺要提拔他，他还是从军队里开了小差。"唉，烦透了！"① 他一边挥挥手，一边自言自语，就像从那时起，面对一堆堆烦心琐事，他几乎每天都要说的一样。

这两个人很像，无论命运还是性情。但霍法尔要更大胆，更丰富，更全面。"浪荡子" —— 几乎所有牢房都用这个绰号。

他当班的日子 —— 就是牢房得以安宁的日子。你想干什么就干什么。他要是咋咋呼呼，就会同时眨眨眼，好让你知道这不是针对你，仅仅是为了让楼下的头儿相信，他在严格执行命令。但这其实是徒劳；已经没人信他了，没有哪个星期不罚他加班的。

"唉，烦透了！"他挥挥手，依旧我行我素。他一直是那个年纪轻轻、头脑简单的小鞋匠，而不是看守。你能把他逮个正着：看他如何跟那些被关在这里的小伙子们在牢房里满腔热情、兴高采烈地 —— 小赌怡情。有时他又把

_____

① 原文为德语。

犯人们从牢房里赶到走廊上，实施"突击检查"。检查持续很久。假如你过于好奇，往牢房里瞧上一眼，就能看到他坐在桌旁，头搁在胳膊上。他在睡觉，安安心心地酣睡，这里是他躲避上级的最佳避风港，因为走廊上有犯人在看着，一有危险逼近，他们就会报信。至少上班期间他还想睡个觉，如果说休息时间里他的睡眠被少女这种生物给赶跑了的话：他爱她们胜过一切。

纳粹会失败还是胜利？"唉，烦透了！这个马戏团怎么可能撑得下去呢？"

他没把自己算进去。这就已经挺有意思了。但事情还更进一步：他不愿意成为其中一员。他也不是其中一员。你需要传张纸条到另一间牢房吗？"浪荡子"会为你安排妥当。你需要给外面捎点话吗？"浪荡子"会为你找到路子。你需要和什么人串供，当面谈话以说服他，好保全其他人吗？"浪荡子"会把你带到他的牢房，为你望风——带着点街头小混混成功耍了个把戏的快乐。你得时常劝他小心点。他身处危险之中，却很少感觉到这一点，也没有完全意识到自己所做的这些好事的重要意义。这让他没什么负担，能做得更多。但这妨碍了他成长。

他还不是个雕像。但他已走上过渡的道路。

"科林"

那是戒严期间的一个晚上。身穿党卫队制服的看守放我进入牢房，装装样子地搜查着我的口袋。

"您的情况怎样？"他轻声问道。

"不知道。他们对我说明天枪毙我。"

"这吓着您了吗？"

"在我计算之中。"

有那么一小会儿，他的手指沿着我外套口袋翻盖机械地来回移动。

"他们有可能这么干。也许不是明天，也许过段时间，也许根本不会。但在这样的时期……有准备总是好的……"

然后他又沉默了。

"万一真的……那您想给谁传个什么话吗？或者您

想写下来吗？不为现在，您明白吗，是为了将来，您是怎么落到这里来的，是不是有谁出卖了您，某人表现得如何……好让您所知道的不要和您一同离去……"

想不想写下来？仿佛我这个最强烈的愿望是被他猜中的一样。

不一会儿他就拿来了纸和铅笔。我把它们仔细地藏了起来，以免检查的时候被找到。

但我一直都没去碰它们。

这太美好了——好到让我没法信任。太美好了：在这里，在这幢黑暗的建筑里，在被捕几周后，在那种对你来说只意味着叫嚷和拳脚的制服之下，你发现了一个人，一个朋友，他向你伸出手来，好让你不会无影无踪地消失，好让你能给未来捎个信，好让你至少能有一瞬间与那些活过这个时期、活到自由的人们说说话。而且正是现在！走廊里传唤着那些要被处决的人的名字，被鲜血灌得醉醺醺的人正在大声吼叫，而被恐惧扼紧喉咙的人无法出声。正是现在，此时此刻——不，这没法让人相信，这不可能是真的，这只能是个陷阱。一个人在这种境况中完全自发地向你伸出手来，他得有多强的力量！多大的勇气！

将近一个月过去了。戒严解除了，吼叫声减弱了，残酷的时刻变成了回忆。又是晚上，又是受审归来，又是这个看守站在牢房前。

"您脱身了，看起来是这样。一切——"他审视着我，"一切都正常吧？"

我悟出了这问题的弦外之音。它深深地刺痛了我。但这句话比其他任何事情都更能向我证明他的正直。只有内心有权提出这样的问题的人，才能这么问。从此我信任了他。他是我们的人。

乍看上去，他叫人捉摸不透。他独自在走廊上走来走去，镇静，沉默，警惕着，留意着。从来听不到他叫嚷，从来看不到他打人。

"求您了，在斯梅唐斯看着的时候，给我个嘴巴吧！"隔壁牢房的同志们这么求过他，"好让他至少有一次看到您在干活。"

他摇了摇头：

"不需要。"

除了捷克语，你从没听他说过别的语言。一切都在告诉你，他和别人不一样。但你很难说出为什么。就连他们自己也感觉到了，但形容不出来。

哪里有需要，他就在哪里。哪里发生混乱，他就带去安宁；哪里垂头丧气，他就前去鼓励；哪里联系被破坏而威胁到了更多外面的人，他就去恢复联系。他不拘泥于小事，工作起来有规划、有系统，大刀阔斧。

不只是现在，他从一开始就如此。他到纳粹这里来工作，是带着任务的。

阿道夫·科林斯基，来自摩拉维亚的捷克看守，出身于旧式捷克家庭的捷克人，他申报为德意志族，为了去赫拉德茨－克拉洛韦的监狱看守捷克犯人，然后又到了庞克拉茨！这大概在那些认识他的人心里激起了怨恨。但四年之后，当他汇报工作时，德意志族监狱长在他眼前挥舞着拳头——有点后知后觉地——威胁道：

"你心里的捷克性由我来打掉！"

其实他弄错了。那不仅仅是捷克性。需要从他内里驱赶走的是人性。一个为了斗争和有助于斗争而自觉自愿走上正确岗位的人。持续不断的危险只会让他愈加坚强。

我们的人

就算1943年2月11日早晨发给我们的早饭里有一杯可可，而不是往日那种不知什么东西熬的黑水，我们都不会注意到这一奇迹。因为这天早晨，我们牢房门口闪过了捷克警察的制服。

仅仅是一闪而过。塞在高筒靴里的黑色裤腿迈过一步，套在深蓝色袖管里的手抬向门锁，门砰的一声关上，影像就消失了。短到转瞬而逝，以至于一刻钟之后我们已经不打算相信这件事了。

庞克拉茨出现了捷克警察！从中我们能得出怎样深远的结论啊！

两小时后我们就得出了结论。牢房的门再次打开，一个捷克警帽伸进来瞥了一眼，看到我们诧异的表情，他快乐地咧开了嘴，宣布道：

"自由活动！"①

现在我们已经不可能弄错了。走廊上灰绿色的党卫队看守制服中间出现了若干深色的斑点，在我们看来却是闪闪发光：捷克警察。

这对我们来说意味着什么？他们会是怎样的人？不管他们怎样，单单是他们在这里的事实，就传达出了明确的讯息。这个政权在多么急速地坠向终结啊！在这最敏感的地方，这个它唯一拥有的支柱，它的镇压机构，在这里必须安插它想要镇压的民族的人！可见人手短缺到了多么可怕的程度！连自己最后的希望都要削弱，就为了能抽出几个人！这个政权还想再支撑多久？

当然，填进来的必定是专门挑选的人，也许会比那些已被积习和对胜利的怀疑给瓦解了的德意志族看守还要糟糕，但这个事实，他们在这里的这个事实，就确切无疑地标志着终结。

这就是我们思考的内容。

_____

① 原文为德语。

而情况比我们最初允许自己猜想的还要更进一步。因为这些人并不是由政权挑选出来的，它已经没人可选了。

2月11日，我们头一次见到了捷克制服。

第二天我们就已经开始认识这些人了。

来了一个，他朝牢房里瞧了瞧，一只脚窘迫地跨过门槛，然后 —— 就像小羊羔体内翻涌着忽大忽小的力量直到它绷起四蹄跳将起来一样 —— 他忽然鼓足了勇气，说：

"那个，过得怎么样啊，先生们？"

我们以笑容回应了他。他也笑了，之后又窘迫起来：

"请别生我们的气。相信我，我们宁愿继续在石头路上游荡，也不想来这儿监视你们。但是由不得我们。有可能 …… 有可能这样发展下去也不错 ……"

我们告诉了他对这件事的看法和对他们的看法，他高兴了起来。就这样，我们一下子就成了朋友。他叫维泰克，一个简单、善良的小伙子，那天早晨在我们牢房门口一闪而过的就是他。

第二个叫图玛，正是那种典型的旧式捷克狱卒。他举止粗鲁，大喊大叫，但本质不错，就是我们曾在共和国监狱里称之为"老头子"的那种人。他没觉得自己这个岗位有什么特殊，相反，他马上就把这里当作了家，实行自己的那一套，总是说些粗野的玩笑话。他维持秩序，也违反秩序：这边往牢房里悄悄塞块面包，那边偷偷递根烟，在别的地方又参与侃大山，什么都聊（政治形势除外）。他自然而然地这么做着，这就是他对看守工作的看法，并不藏着掖着。为此他遭了头一通训斥，这让他谨慎了点，但没有改变。他还是那个"老头子"式狱卒。你不会敢于求他做什么大事。但当着他的面可以畅快呼吸。

第三个沿着牢房绕来绕去，沉着脸，不说话，眼神飘忽不定。对试图建立联系的谨慎尝试，他毫无反应。

"在这一个身上我们没交到什么好运。"老爹在观察了他一周后这么说，"他是这群人里面最难搞定的一个。"

"要么就是最聪明的一个。"我有点故意说反话，因为在这种小事上的双重意见乃是牢房生活的调料。

两周后，有一次我觉得这个沉默的家伙似乎有意眨了眨眼。我照样回复了这个在监狱里含义万千的细小动作。还是没有反应。也许是我弄错了。

然而，一个月后真相已然大白。事情发生得很突然，就像蝴蝶破蛹而出。紧闭的外壳咔嚓一下裂开，现出一个活物。那不是只蝴蝶。那是个人。

"你在建小纪念碑呢。"对这里的某些人物小像，老爹时常这么说。

是的，我希望那些在外面、在这里都忠诚勇敢地战斗过而倒下去的同志们，不要被忘记。但我同样希望那些活着的人也不要被忘记，他们在最艰难的处境中帮助了我们，其忠诚勇敢毫不逊色。我希望这些人能走出昏暗的庞克拉茨监狱走廊，走进光明的生活，比如科林斯基，比如这个捷克看守。这不是为了他们的荣耀，而是为了给其他人树立榜样。因为做人的责任并不会随着这场斗争而终结，在全人类都成为真正的人之前，做一个人仍需要一颗英雄的心。

本质上这不过是一段短短的故事，警察雅罗斯拉夫·霍拉的故事。但你在其中能看到一个完整的人曾走过的历史。

他来自拉德尼采地区，国土上一个偏僻的角落。这片乡土美丽、凄凉而贫穷。他的父亲是玻璃工。生活艰难。有了工作累死累活，丢了工作食不果腹。而失业简直把这里当成了家。不是日子压得你屈了膝，就是对一个更好的世界的梦想、信仰和为此进行的斗争让你抬起头。他的父亲选择了后者，成为一名共产党员。

　　少年雅尔达 ① 是五一游行骑行队伍中的一员，自行车轮子上系着根红布条。他没把它落在那里。他带走了这根红布条 —— 这一点也许他自己都不太清楚 —— 把它放在了心里的什么地方，带着它去学手艺，进车间，到斯柯达军工厂做第一份工。

　　经济危机，失业，兵役，找工作，当警察，我不知道这段时期里他内心的红布条怎样了。也许被卷了起来，置于一隅，也许已经忘掉了一半，但始终没有丢失。有一天他被派来了庞克拉茨。他不是像科林斯基那样，带着事先给自己定下的任务自愿来到这里。但他往牢房里瞧了第一

————————————

　　① "雅尔达"是霍拉的名字"雅罗斯拉夫"的昵称。

眼，立即就意识到自己的任务。红布条展开了。

他考察着战场，评估自己的力量。他紧绷着脸，总是在沉思从哪里开始，如何开始才最好。他不是专门搞政治的。他是普普通通的人民大众的儿子。但他借鉴了父亲的经验。他心中有一颗坚固的内核，他的决定围绕着这颗内核聚集起来。他决定了。从紧闭的蛹里钻出了一个人。

他心灵美好，有着罕见的纯洁；他敏感、羞涩，但做起事来是个男子汉。这里需要做的一切，他都敢于承担。有小事，也有大事，他全部完成。他工作起来不显山不露水，安安静静，瞻前顾后，但不畏首畏尾。这一切对他来说都是自然而然。他的内心无条件服从一条准则：必须如此——那还有什么好说的？

其实这就已经写完了。这就是一个雕像全部的故事了，如今他已经拯救了好几条人命。这些人在外面生活、工作，是因为在庞克拉茨监狱里有一个人尽了自己做人的责任。他们不认识他，他也不认识他们。就像他们也不认识科林斯基。我希望他们以后至少能认识这两个人。他俩在这里迅速找到了通往对方的道路，加倍了开展工作的可能。

记住他们吧，把他们当作自己的榜样。这样的人头脑长得正，最重要的是心正。

斯科舍帕大叔

当你偶然看到他们三个人聚在一起，你就看到了一幅活生生的兄弟友爱图：灰绿色的党卫队看守制服 —— 科林斯基，深色的捷克警察制服 —— 霍拉，还有颜色更亮却不那么令人愉快的囚犯杂役制服 —— 斯科舍帕大叔。不过你极少能看到他们在一起，少之又少。而这正是因为他们是同路人。

监狱规章允许用来干走廊杂活、打扫卫生和分发食物的，"仅仅是特别可靠、服从纪律、与其他人绝无牵连的犯人"。条文是这么写的。这是死条文，毫无意义。这样的走廊杂役现在没有，也从来都没有过，特别是在盖世太保的监狱里。这里的走廊杂役 —— 反而是监狱集体从牢房里伸出的触须，为了接近自由的世界，为了存活，为了交流。已经有多少走廊杂役因为一句捎带的话，或者一张在他们身上截获的纸条，付出了生命的代价！但监狱集体的法则还是无情地要求走上他们岗位的后来者，继续肩负他们危险的工作。不管你怀着勇气还是心里害怕——一样绕不开。恐惧只会坏事，甚至让你满盘皆输——正如在每一项地下工作中一样。

而这项地下工作更加艰巨：直接就在那些想铲除它的人掌中，在看守们的眼皮底下，地点是他们定的，时间是他们选的，环境是他们造的。你在外面学到的一切，在这里只能算杯水车薪。但对你的要求却并未减少。

外面有地下工作的大师。在走廊杂役里，也有这项工作的大师。斯科舍帕大叔就是一例。从外表看，他谦逊、朴素、安静——又灵活得像条小鱼。看守们都称赞他:瞧，多勤快，多可靠，只关心自己的职责，绝不会被引诱去干任何违禁的事。走廊杂役们，学着他的样儿！

是的，走廊杂役们，学着他的样儿！他确实是走廊杂役的范本，只不过是从囚犯们的角度来看的。他是监狱集体最坚定、最敏感的触须。

他了解牢房里的居民，每新来一个人，他都能第一时间知道：这个人为什么在这儿，同案的都有谁，他表现如何，他们又怎样。他研究"案子"，尝试打通它们。这一点很重要，如果他想安排好事情或者准确传递口信的话。

他了解敌人。他精心研究每一个看守：他的习惯，他的强势之处与软弱之处，什么地方需要特别提防，什么地方可以利用，怎样麻痹他，怎样哄骗他。我利用过的许多性格特征，都是斯科舍帕大叔告诉我的。他了解他们全部，能把每一个都刻画得独到传神。这一点很重要，如果他想在走廊上四处活动并确保工作顺利进行的话。

而最重要的是，他知道自己的责任。他是那种共产党员，他知道这里不是允许放弃党员任务，允许袖手旁观、"进入静默"的地方。我甚至想说，在这里，在最巨大的危险和最强硬的压迫下，他找到了自己真正的岗位。他在这里成长了。

他很灵活。每天、每小时都有新情况，要求运用不同的方法。他会巧妙、迅速地找到新方法。他可用的时间只有几十秒。他敲敲牢门，听完事先准备好要他捎的话，在走廊另一端简洁而明确地转达，而这时换班的看守楼梯都还没爬完。他谨慎而机智。数百张纸条经过了他的手——没有一张被截获，连怀疑都未曾引起。

他知道哪里有人的鞋子夹脚，哪里需要鼓励，哪里需要传递关于外面形势的确切消息，哪里需要他那真正如慈父般的目光，为心生绝望的人增添力量；哪里需要加一小块面包或一勺汤，帮新来的人挨过"监狱饥饿"最艰难的适应期。这些他都知道，他凭借敏锐的感觉和丰富的经验认识到这些，然后据此行动。

他是个战士，有力而无畏。一个真正的人。这就是斯科舍帕大叔。

我希望你们，也许将来有一天读到这些的你们，在他身上不只看到他，而是看到"杂役"这一类美好的人。他把压迫者要求的工作调了个头，变成为被压迫者服务。斯科舍帕大叔只有一个，而这样的杂役却有很多，他们性格各异，但并无短长。这样的人在庞克拉茨有，在佩切克宫也有。我曾想一一勾勒他们的面庞，但是，唉，只剩下那么几个小时，就算只写"一首歌儿，写进去可以这么短，尽管经历起来是那么长"①，也已经不够了。

那么，至少留下几个名字，几个榜样，而不该被忘记的还远不止于此：

"雷奈克"——约瑟夫·特林格尔，强硬，有牺牲精神，脾气火暴，佩切克宫的一段历史和我们在那里的一段斗争与他有关，也与他亲密的伙伴、好心肠的佩比克·贝尔维达有关。②

米洛什·内德维德博士，英俊优雅的青年，每天都在帮助被囚禁的同志们，为此在奥斯维辛付出了生命的代价。

―――――――――

① 伏契克凭借记忆援引了聂鲁达诗集《宇宙之歌》第30号作品："地球的故事只是讲起来短／正如歌曲编起来一般／小小火星飞出火焰／熄灭变黑重又落回；在这闪动的唯一世界／在这火星燃烧的世界／人类的战斗扫尽一切／一切一切甚至是爱；这么短，短短小歌／还能再短／人类之爱是巨大的痛苦／而寥寥数语便可言尽；也许只要一节／也许仅着一词／写进歌里可以这么短／而活起来却是那么长。"

② 此处涉及处于甄别阶段的人物。捷克语第一版还有关于他们的内容，第二版（1946年）至第三十七版（1985年），都仅仅保留了他们的昵称或姓名首字母。

阿诺什特·洛伦茨，因为他拒不交出自己的同志，他们处决了他的爱人；一年后，为掩护和拯救"四○○号"的"杂役"伙伴们和整个集体，他挺身而出，走向刑场。①

没什么能压得住他绝妙的诙谐的瓦谢克·雷泽克；沉静的、怀着深深的牺牲精神、戒严期间被处决了的安卡·维科娃；精力旺盛的……②；总是快活、机灵、不断找到新途径的"图书管理员"施布林格尔；温柔的青年毕莱克……

他们都是些榜样，都是些榜样。大大小小的雕像。但永远是雕像，绝不是人偶。

---

① 实际上洛伦茨当时没有被处决，而是1944年遇害。

② 手稿上这里直接留出了大约可以填入一个名字的空白。

第八章　一小段历史

1943年6月9日。

我的牢房门前挂着一根裤带。我的裤带。押运的标志。夜里他们就要把我押往帝国，去接受审判和 —— 后续种种。在我生命的边缘上，时间正贪婪地啃下最后几口。在庞克拉茨度过的四百一十一天快得不可思议。还剩下多少天呢？又会在哪里度过？将是怎样的日子？

不过，那些日子我将几乎不再有写作的机会。那么，这就是最后的证词了。对于这一小段历史，我显然就是最后一名还活着的证人了。

1941年2月，整个捷克斯洛伐克共产党中央委员会，以及为这一糟糕时刻而准备的后备领导干部，全都被捕了。党遭受了异常沉重的打击，事情是怎么发生的，还没有完全查清。也许有一天，当盖世太保警官们受审时，会就此交代些什么。我在佩切克宫做"杂役"时曾尝试弄清楚这件事，但徒劳无功。其中肯定有红旗特务的问题，但明显不够谨慎也是一个原因。两年来地下工作取得了一定的成功，同志们的警惕性多少有些放松。地下组织成长壮大，不断有新同志被吸收进来，甚至包括那些本该留到合适的时机再吸收入党的人，机构扩大了，复杂到无法控制的程度。对党中央的袭击显然蓄谋已久，他们动手时，已经准备好了要进攻苏联。

最开始我还不清楚逮捕的范围有多大。我还等着例行的联络，却没等到。但一个月后情况已经明摆着了：发生了什么过于重大的事情，不容我只是等待。我就自己去寻找联络了，其他人也在找。

我联络上的第一个人是洪扎·维斯科奇尔，中捷克地区的领导人。他是个有创造力的人，准备了一些材料以出版《红色权利报》，让党不要滞留在没有中央刊物的状态中。我写了一篇社论，但我们最终决定把这些材料（内容我不知道）出成五月特刊而不是《红色权利报》，因为已经有别的什么人出了个临时应急版。

接下来是几个月游击式的工作。党遭受了异常沉重的打击，但并未覆灭。数百名新同志接过了被丢下的任务，新人们坚定地继承了已经牺牲的领导人的岗位，拒绝让组织的根基解体或陷入被动。只有党中央一直没重建起来，而游击工作中同样隐藏着危险：在最重要的时刻 —— 苏联遭到预想中的攻击之时 —— 工作步调不能完全统一。

在我拿到手上的仍是以游击方式出版的《红色权利报》上，我认出了一个经验丰富的政治家的手笔。而在我们那份很遗憾没能以最好的方式出版的五月特刊上，其他同志也看出这边有个可以指望的人。于是我们互相寻找起来。

那是在密林中的互相寻找。我们听见了一个声音，循声而去 —— 而声音又从反方向传过来。沉重的损失教会了整个党更加谨慎，更加警惕，核心机构的两个人想要联系上对方，就必须打通由他们自己以及其他给他们建立联系的人为试探和辨认身份而设下的重重障碍。而我不知道另一边的人是谁，对方同样不知道要找的是谁，这就让事情更复杂了。

然后我们终于找到一个公约数。那就是米洛什·内德维德博士，一名杰出的青年，他成了我们的首位联络员。这里也有些偶然。1941年6月中旬我生了场病，打发丽达去请他来给我看看。他立刻就来到了巴克萨夫妇家——我们就在那里谈妥了。他也受委托寻找"另一边"，却没想到要找的就是我。相反——和另一边所有人一样——他确信我被捕了，而且很可能已经死了。

1941年6月22日，希特勒进攻苏联。当天晚上我就和洪扎·维斯科奇尔印发了一份小传单，阐述这对我们意味着什么。6月30日，我第一次与寻找了如此之久的人会面。他来到了由我指定的住宅，因为他已经知道要见的人是谁。而我还不晓得对方是谁。夏夜，槐花的芬芳从敞开的窗户飘进来，这是情侣幽会的美妙时刻。我们拉上窗帘，点上灯——互相拥抱。他就是洪扎·齐卡。

原来1941年2月并不是全体中央委员都被捕了。齐卡就是中央委员里唯一逃过此劫的那个。我很久之前就认识他了，也一直很喜欢他。但直到现在，当我们开始一起工作时，我才真正地了解了他。他长着一张圆脸，总是带着笑容，像个大伯——同时又很强硬，毫不妥协，在党的工作上果断而坚决。除了自己的责任，他不知道也不想知道什么叫为了自己。为了承担起这些责任，他可以放弃一切。他爱人们，人们也爱他，而且这份爱从来都不是以睁一只眼闭一只眼收买来的。

几分钟内我们就谈妥了。几天后我就认识了新领导中心的第三名成员，他早在五月就已经和齐卡联系上了：<u>洪扎·切尔尼</u>。这是一名身材魁梧、风度翩翩的青年，人缘很好，参加过西班牙内战。他带着一叶被打穿了的肺从那里途经纳粹德国辗转回来，当时大战已经爆发了，他总是有点士兵的气质，地下经验丰富，有才干，是个天生的开创者。

数月的艰苦斗争让我们成了极佳的搭档。我们三个人性格互补，连擅长的领域也互补。齐卡——组织者，求实，一丝不苟的精准，在他那里就别想模棱两可地混过去，每一条消息他都要琢磨到底，每一份方案他都要全面考察，每一条决议他都关切而严厉地监控其推进执行。切尔尼——破坏活动和武装斗争筹备的领头人，有军队思维，富于创造力，大刀阔斧，精力十足，不知疲倦，寻找新形式和新成员时自得其乐。还有我——鼓动者，办报人，依赖于自己的直觉，有点天马行空，所以加上批评的精神以求平衡。

职务的划分更多是在划分职责而非具体任务。因为我们每一个人都必须参与所有工作，必须出现在任何有需要的地方。工作可不轻松。党在二月里受的伤一直没有愈合，后来也从未完全长好。所有的联络都被扯断了，有些地方是全军覆没，有些地方内部联络还在，外界却没有通向它们的途径。整个小组，整座工厂，甚至整片地区一连好几个月孤立无援，直到重新建立联系。我们必须寄希望于至少中央的刊物能送到他们手上，以便指导他们的行动。没有住宅可用——先前的住宅不能用了，因为它们可能还处于危险之中；一开始也没有经费，食物供应异常困难，许多事情需要重新开始——而此时党已经不能只是恢复和准备了，苏联遭受了袭击，党必须直接投入战斗，组织反抗占领者的内部战线，展开针对他们的小型战争，而且不仅要用自己的力量，还要发动全民族的力量。在1939年至1941年的准备阶段，党处于深深的地下，不仅德意志族警察看不到，自己的民族也看不到。现在，它还在流着血，在占领者面前必须藏得更好更深，但与此同时在民族面前必须走出地下，必须和党外人士建立联系，必须转过身来面向全体人民，必须与每个决心为自由而战的人打交道，必须以直接行动去促成那些尚在犹豫的人下定决心。

到1941年9月初，我们虽然还不能对自己说，我们已经重建了遭到沉重打击的组织——啊，这还远得很呢——但已经可以说，我们重新拥有了组织严密的核心，这个核心已经多多少少能独立完成更重大的任务了。党的介入同样立竿见影。破坏活动增加了，工厂的罢工也增加了——九月底他们派了海德里希来对付我们。第一次戒严没有压倒成长中的积极反抗活动，但削弱了它，给党带来了新的打击。布拉格地区和青年组织遭受的打击尤甚，一些新加入的、对党如此宝贵的个人倒了下去：扬·克雷伊奇、施坦策尔、米洛什·克拉斯尼，还有许多其他人。

然而，每次打击后你都会再次看到，党是无法摧毁的。一个战士倒下去——如果一个人代替不了他，就会有两个、三个走上他的岗位。到新年时，严密的组织体系已经建立起来了，虽然还不够健全，远达不到1941年2月的程度，但毕竟已经有能力完成党在决定性战斗中的任务了。我们全都参与了工作，但功劳主要属于洪扎·齐卡。

关于出版方面的工作，在天花板上和地下室里，在同志们藏起来的文档堆里，也许会找到足够的证据，这里就不必提了。我们的刊物不仅在党内，在党外也被广泛传播阅读；它们由许多独立的、互相之间严密隔离的地下"技术所"（使用复制机器）复印，甚至直接印刷，印量可观。根据形势所需，刊物的出版规律而迅速。比如斯大林同志1942年2月23日发布的军事指令，2月24日晚上就到了第一批读者手上。印制人员干得挺出色，还有医生们的"技术所"，特别是"弗赫斯－洛伦茨技术所"，那里还独立发行自己的通讯刊物《全世界反对希特勒》。剩下的所有事我都自己干，以便节省干部人手。为了应对我倒下去的情况，准备了一名继任者。我被捕后，他接过了工作，一直干到现在。

我们建立了尽可能精简的机构，以保证每项工作只占用最少的人手。我们撤掉了长长的联络链条，1941年2月的事件表明，那么多的环节非但不能挽救机构，反而会威胁到它。这样虽然对我们每个人来说更加危险了，但对党来说却要安全得多。它不会再遭受二月那种打击了。

正因如此，当我被捕后，中央委员会只消补上一个新委员就可以安宁地继续工作。就连与我合作最紧密的那个人对此都毫无察觉。

洪扎·齐卡于1942年5月27日夜里被捕。又是一次糟糕的偶然。海德里希被刺的那天夜里，占领机构倾巢出动，在整个布拉格进行突击搜查。他们也闯进了斯特热绍维采区齐卡藏身其中的那一家。他证件齐全，很可能逃过他们的注意。但他不愿意让这个善良的家庭陷入危险，就试图从二楼的窗户逃跑。但他摔了下去，带着脊柱上的致命伤被运往监狱医院。他们根本就不知道落到他们手里的是谁。直到十八天后对比照片时才确定了他的身份，就把这垂死之人带到佩切克宫来审讯。就这样我们在那儿见了最后一面。他们把我叫去对质。我们互相伸出手去，他对我露出自己那开朗而亲切的笑容，说：

"早日康复，尤拉！"

这就是他们从他那里听到的唯一句话。然后他就一言不发了。他脸上挨了几下，昏了过去。几小时后，他离开了人世。

早在5月29日我就知道他被捕了。触须们工作得很好。通过他们的努力，我和他部分地确定了下一步如何行动。后来这一方式整体上获得了洪扎·切尔尼的事后批准。这就是我们最后一项决议。

洪扎·切尔尼于1942年夏天被捕。这已经不是出于偶然，而是因为与他联络的扬·波克尔尼严重违反纪律。波克尔尼未能承担起领导干部应尽的职责。经过几小时的审讯——的确，够严酷的，但除此之外他还能期待什么？——他惊慌失措了，泄露了他先前和切尔尼碰头的住宅。从那里开始，线索引向了洪扎，就这样，几天后他落到了盖世太保手里。

他们一把他运过来，就把我们拉到一起对质。①

"认识他吗？"

"不认识。"

我们的回答一致。然后他就拒绝开口。他的旧伤让他免受长时间的折磨。他很快就昏了过去。还没等到第二次审讯，他就已经被告知了确切情况，于是依此行事。

他们在他那儿一无所获。他们就囚禁他，一直等着有什么新证词来逼迫他开口。他们没有等到。

监狱没有改变他。他依然生机勃勃、快乐、勇敢，继续为活着的人们指明前景，而他自己前面只有死路一条。

1943年4月底，他们突然把他从庞克拉茨带走了。我不知道去了哪儿。在这里，这种突然的消失总是暗含不祥的意味。当然也可能是搞错了。但我想，我们永远不会再见面了。

死亡一直在我们的计算之中。我们知道：落到盖世太保手里，就意味着终结。我们在这里也是按此行事的。**现**

---

① 第三十版（1972年）至第三十三版（1977年）、第三十五版（1980年）至第三十七版（1985年）被删除。

在也许需要解释一下，为什么我自己在一段时间后，换成了另一种行动方式。

七周以来我只字未供。我有觉悟：说什么都救不了我，却可能因此威胁到外面的同志。沉默就是我的积极行动。

但克列仓交代了。知识分子队伍里已经有些人落到了这里。然后是戒严。大规模逮捕，不经长时间审讯就处决。盖世太保这边已经在联想了：既然有万楚拉，为什么没有其他人？为什么没有斯·科·诺伊曼、哈拉斯、奥勃拉赫特？这三个人都当着我的面被直接称为《红色权利报》的撰稿人。是否逮捕他们正在权衡之间。而逮捕，就意味着必死无疑。清单上还有其他人：奈兹瓦尔、塞弗尔特、两位维德拉、多斯塔尔，甚至出于我完全不清楚的原因还有弗雷伊卡和像波尔那样多面的人。就算我把自己的内心一下子全倒在盖世太保面前，也不会伤害到他们当中的大部分人。但现在重要的不是这个，而是另一件事：我能用自己的沉默挽救他么？我的沉默还是积极的么？是不是已经是消极的了？

我必须回答给自己的这个问题。我做出了回答。我不是那种对身边发生的事、对与己相关之人不闻不问的人。在盖世太保这里的七个星期教会了我很多。我认识了这里的那些万能的人，了解了他们的方法，他们的水平。我领悟到就算在这里我也有斗争的机会；手段与在外面使用的那些完全不同，但是意义相同，目标也一致。继续沉默意味着错过这个机会。现在已经需要做得更多，好让我能对自己说，在任何地方任何情况下我都承担了自己的责任。需要开始演一场高级的戏了。不是为自己 —— 这样你一准立马输掉 —— 而是为他人。他们等着从我这儿获得轰动性事件。我就给了他们。他们期待从我的招供中获得许多。我就"招供"了。<u>具体怎样</u>，你们在我那份审讯记录里会找到的。

结果甚至比我预计的还要好。我把他们的注意力完全转到另一个方向上去了。他们忘记了诺伊曼们、哈拉斯们、奥勃拉赫特们。他们放过了捷克知识分子。我甚至还顺带促成了鲍日娜·普尔帕诺娃和英德日赫·艾尔博获释，在此我呼唤他俩做证。还不止这些。我取得了他们的信任，并继续干下去。他们花了好几个月的时间追踪幻影，这个幻影 —— 就像任何幻影一样 —— 要比真人更大更诱人。

而外面的真人可以继续工作，成长得比所有幻影都更大。后来我甚至能直接干预落到这里来的几个案子，而这些干预"并非毫无成效"。这就是我在佩切克宫当"杂役"时，唯一一件老老实实执行了的工作。

凭此我推迟了自己的死期，获得了<u>也许</u>能帮到我的时间：这份奖励我未曾计算在内。

一年来我和他们一同写着这出戏，其中主角的位置我预留给了自己。戏里时而轻松有趣，时而令人疲惫，但总是跌宕起伏。但每出戏都有终局。高潮，转折，收尾。幕落。掌声。观众们，回去睡觉吧！

瞧，我的戏也快到终局了。这终局我已经写不出了。这终局我已经不知道了。这已不再是戏。这是生活。

而生活中无人是观众。

幕启。

人们啊，很高兴此生曾与你们共度。别睡！

1943年6月9日

尤利乌斯·伏契克

附录

续上那没有写完的 "happy end"

1·伏契克其人: 1903—1942

1903年2月23日，尤利乌斯·伏契克出生于布拉格。当时布拉格还是庞大的奥匈帝国下面的一个城市。他是家中长子，父亲卡雷尔·伏契克是一名工程师，母亲玛丽亚·伏契科娃是居家主妇。他的名字是跟着作曲家叔父尤利乌斯·伏契克起的，未来他还会有两个妹妹：莉布谢和维拉。

由于父亲热爱戏剧，经常参演，幼年伏契克也开始在话

◆ 1906年三岁留影

◆ 和父母、妹妹在一起

◆ 幼年时期出演话剧

剧中扮演角色，最初是在布拉格斯米霍夫区的剧院，后来还去到柏林，为旅居在那里的捷克人演出。戏剧在伏契克的一生中占据着重要的地位。作家伊日·维伊尔在回忆录《回忆尤利乌斯·伏契克》中这样说道："他不会给予公认的权威以特别的敬意，无论是在世的还是去世的。从总理到清洁工他都一视同仁。这也是极为珍贵的——这里的人们喜欢向顶着豪华头衔的权势鞠躬致敬。这也许是因为他是在戏剧舞台上长大的。

◆ 和家人一起出游

◆ 中学时期为家人办的严
肃刊物《捷克人》

◆ 给妹妹们的《童话和故事》

有一次他告诉我，在孩童时代他也被称为'神童'，那时他登台扮演一些小孩的角色。也许他从那时起就已经学会对虚假华丽的饰品和舞台上炫目的纸糊布景毫不在意。"

1913年，伏契克随父亲的工作变换从布拉格迁居工业城市比尔森。1914年9月，他入读比尔森实科中学，并开始展现出文学天赋，为自己的家人办杂志，1919年起向《无畏》杂志投稿。他生性自由，喜爱在山野间漫游，给家里寄明信片，写诗。

与此同时，第一次世界大战的爆发、结束，比尔森斯柯达工厂的罢工，战争期间普通人艰难的生活，1918年捷克斯洛伐克共和国的诞生，都给这个小伙子带来了巨大的冲击。后来他在1933年的《创造》杂志上回忆起共和国成立伊始他的亲身经历：

街对面住着个工人。社会民主党人。我叫醒了他。他很快在床边套上衣服。他想知道更确切的消息，问个不停。自由？是吗？独立？是吗？谁？是谁宣布的？是谁领导的？

我认为关键并不在于此。他不信任那些实现了这一壮举的人们，这伤害了我。他挑战似的激动地对我说：我们得搞清楚，这新自由到底是带给谁的？这一点非常重要。我没能领会！这对我来说有些可笑。担心这个！明摆着，自由是给我们的，给我们所有人，不然还能给谁？

他用一种奇怪的眼神看着我，耸了耸肩。

我又如何能忘记他呢？这个在1918年10月28日午夜就已率先看穿了的人。

1921年，伏契克回到布拉格，开始在查理大学哲学系学习。也就是在1921年，伏契克和很多年轻人一样，加入了新成立的捷克斯洛伐克共产党。大学读书期间，伏契克开始大量发表文学评论。起初是在《真理》《社会主义者》《先锋》等左翼杂志上，后来是在自己大学老师、文学评论家沙尔达教授创办的文艺批评杂志《创造》上。他很快获得了后者的赏识，被邀请加入杂志编辑部。

1924年，诗人伊日·沃尔克因病去世。这位捷克诗人对伏契克以及后来的先锋文学一代影响深远。他是伏契克非常喜爱的诗人，他去世之前不久写的诗歌《临终之路》后来也成为《报告》第二章的题目。

1926年，伏契克开始主办出版商集团"树干"的同名文艺杂志。在这份杂志上，可以同时看到老一辈和年轻一代捷

Dosud málo známý portrét Julia
Fučíka. Je to snímek z maturit-
ního tableau z r. 1921 v Plzni.

◆ 1921年比尔森实科中学毕业照　　◆ 二十年代全家合影

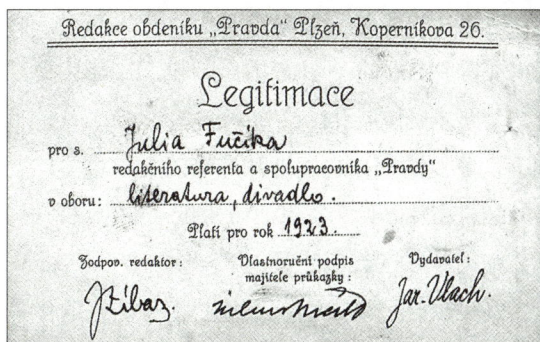

Redakce obdeníku „Pravda" Plzeň, Kopernikova 26.

Legitimace

pro s. *Julia Fučíka*
redakčního referenta a spolupracovníka „Pravdy"

v oboru *literatura, divadlo.*

Platí pro rok *1923*

Zodpov. redaktor:　　Vlastnoruční podpis　　Vydavatel:
　　　　　　　　　　majitele průkazky:

◆ 1923年《真理》杂志文学戏剧专栏撰稿人证

克文艺工作者的名字。在这期间，他和左翼先锋文化团体旋覆花社的人们熟悉了起来，比如发起者卡雷尔·泰格、第一任主席弗拉迪斯拉夫·万楚拉、诗人雅罗斯拉夫·塞弗尔特，做话剧的解放剧院三驾马车：演员杨·维里赫和伊日·沃斯科维茨、作曲雅罗斯拉夫·耶热克等等。旋覆花社在摩拉维亚的布尔诺设有分部，成员中有文学评论家贝特日赫·瓦兹拉维克。万楚拉和瓦兹拉维克后来都被卷入了伏契克的案子，最终没有活到解放。多年以后，暮年的塞弗尔特写出回忆录《世界美如斯》，并获得诺贝尔文学奖。（这位伏契克心爱的诗人很可能直到去世都不知道，自己曾经被人默默地守护过：这段故

◆《创造》杂志1938年第13期首页

事因为《报告》结尾处的删节，直到1994年才被人知晓，而它的细节，则需要等到1995年评注版的出版和2010年伏契克审讯记录的全文公开才慢慢展开。）

在此期间，伏契克的创作也逐渐从纯粹的文学相关扩展到文艺和政治的结合，他开始为捷共官方报纸《红色权利报》撰稿，并主编其文化专栏：《红色晚报》。

1928年，《红色权利报》被封。伏契克找上了未来的作家伊日·维伊尔和诗人约瑟夫·霍拉，三个年轻人跑去沙尔达教授家里，尝试说服他把自己的《创造》杂志借给捷共使用，沙尔达最终同意了，但条件是让伏契克主编，而且只能让伏契克主编。新《创造》在《编辑部致读者》中说明了杂志的定位："论述文化问题的工人周刊，用以表明两个阶层的紧密联系，并把这两个阵线团结起来。"虽然《红色权利报》后来复刊，《创造》还是留在了主编伏契克手上，直到1938年被最终封禁。

◆ 1936年前往编辑部的路上

　　1923年，伏契克认识了一位小个子姑娘古斯塔（1903.08.28—1987.03.25）。后来他们成为伴侣。实际上古斯塔的真名是奥古斯塔，但她自己很少用，伏契克也一直以古斯塔称呼她。她的童年丝毫谈不上幸福：一岁半时母亲早亡，父亲再婚，而继母嫌弃她和妹妹。伏契克和古斯塔一同参加革命，一同翻译书，一同漫游过很多地方，后来还经历了长久的甚至是生死的分离。毫无疑问，伏契克给了古斯塔很多她从未感受到的温暖，直到六十多年后古斯塔离世，她的心里一直没有放下他。

◆ 1925年与古斯塔一起出游

　　1930年，伏契克第一次前往苏联。他带着假护照，途经柏林，在

♦ 二人合影

那里停留了十八天，并度过了五一节。（这也就是《报告》中被删掉的"也没有几十万人的钢铁队伍，我曾听过它震响柏林的大街"的来源。）归国之后，他写下了《在明天已经意味着昨天的土地上》，热烈地歌颂苏联，他清楚地知道苏联仍然贫困，知道在边远的吉尔吉斯斯坦仍然有大量的文盲和沉重的彩礼，但重要的是，那里的人民获得了自由，改变正在迅速发生。

1934年，伏契克再次前往苏联，这次作为捷共的特派记者停留了两年。为了解苏联的实情，他接触了大量的底层民众。这件事甚至跨越了时间，留在了负责审讯他的盖世太保警官约

♦ 在吉尔吉斯斯坦伏龙芝

172

◆ 1935年在莫斯科工厂向公众演讲

瑟夫·博姆战后的供词里："他还给我讲到，他曾在莫斯科干过一段时间泥瓦匠，好能真正了解普通人内心的想法。"

捷克斯洛伐克第一共和国（1918—1938）时期，伏契克曾因为政治原因多次被逮捕。（这对应了《报告》中被改动的"我曾经坐过牢，也许正是这一间，那时是因为我过于急切地捍卫了苏台德地区德意志人的自治权，过于清楚地预见了捷克小市民们的

◆ 1933年9月被警察局逮捕

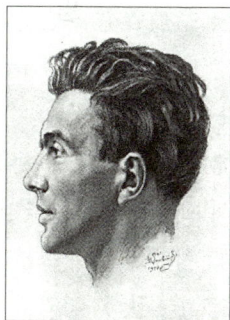

◆ 广为流传的肖像画根据该照片绘制

民族政策会给捷克民族带来什么后果。")战后他那张最有名的肖像画，其实就来自在警察局拍摄的照片，那时候他刚刚服完兵役，紧接着就被逮捕了。他也曾亲身前往捷克北部，参与和报道那里的煤矿工人罢工。这就是《报告》中提到的"瓦谢克·雷泽克……我们在北部一起经历了怎样的战斗啊"的来源。

1938年，形势发生巨变。9月，《慕尼黑协定》签订，位于捷克斯洛伐克边境的苏台德地区被割让给德国（还有部分给了波兰），西部的捷克人开始内迁。同年，伏契克和古斯塔登记结婚。证婚人是伏契克在《红色权利报》的同事扬·施维尔玛和贝德日赫·莱钦。前者后来出现在了伏契克的审讯记录中，成为那个被追逐的"幻影"，实则日后牺牲在斯洛伐克的山区里；后者战后在政治审判中被指控有罪，执行了死刑。

1939年3月15日，德国出兵捷克，占领了布拉格。捷克斯洛伐克被分成捷克和斯洛伐克两个部分。捷克被吞并，成为波希米亚与摩拉维亚保护国；斯洛伐克独立，成立了伪政府。捷共变成非法组织，《红色权利报》等刊物被迫停办。伏契克离开布拉格，到父母所在的

◆ 和妹妹在霍基姆涅日村家中阳台上休憩，这也是伏契克最后一段自由生活的时光。

174

乡下（霍基姆涅日村）居住，期间着手写作自传体小说《彼得的上一代》，同时开始深入研究捷克古典文学，特别是民族复兴时代的作家们，试图以解读历史的方式来呼唤当下的斗争。他撰写

◆ 回到布拉格重新开始地下工作

的小册子《战斗的鲍日娜·聂姆佐娃》于1940年聂姆佐娃诞辰一百二十周年之际出版。

　　1940年，由于霍基姆涅日村里出现了寻找他的警察，伏契克再度回到布拉格，逐渐转入地下。他曾在若干人家里藏匿，同时加入了扬·齐卡领导下的捷共第二地下中央＊（其进程与《报告》最后一章描述的基本一致），并开始主编转入地下的《红色权利报》。

　　1941年9月，捷共中央号召捷克境内的所有反法西斯抵抗组织联合起来，无论政治信仰、宗教归属、民族属性和所属阶级。各种抵抗力量要暂时抛开各自的立场，全体团结在"民族革命委员会"的框架下，协同合作对抗占领者。在知识分子圈子内，将

＊ 伏契克并不是捷共第二地下中央的领导人。其真正的领导人，也是唯一被流亡莫斯科的捷共中央认证过的人，是第一地下中央唯一的幸存者扬·齐卡。但伏契克确实是第二地下中央的成员，或者至少是齐卡身边最紧密合作的人之一。

组建"民族革命委员会知识分子委员会"（即《报告》中的"捷克知识分子民族革命委员会"），作为民族革命委员会的下属分支。

在捷共看来，伏契克显然是牵头组织此事的最佳人选：早在中学时期就开始发表文学评论、旋覆花社的成员、《创造》杂志十年的主编——多年的文化圈活动，让伏契克不仅和许多左翼知识分子有过直接合作，而且结下了深厚的友情；同时他还是捷共第二地下中央的核心成员，和捷共领导圈的联系也足够紧密。第二位组织者则是马奈斯艺术家俱乐部的秘书卢博米尔·林哈特，此俱乐部多年来是许多知识分子举行活动、互相碰面的地方，当时的成员大约有七百人。1941年9月，伏契克和林哈特碰头，伏契克告诉后者，党委任他承担知识分子委员会的秘书工作，让他在马奈斯俱乐部以及他个人的圈子里选择艺术家和知识分子，参加地下工作。他们讨论了将要成立的小组，对可能的人选进行了提名，并一致同意推举万楚拉为知识分子委员会的主席。可能是因为在布拉格有很多人认识伏契克，他本人行动不便，捷共还指派了雅罗斯拉夫·克列仓（化名米列克）作为他的助手。每个小组通过其联络人联系林哈特（后由克罗巴切克继任）或者克列仓，然后联系到伏契克，后者再向捷共中央汇报。

到1942年春天，在伏契克的牵头组织下，知识分子委员会的初步架构已经建立起来了。根据林哈特战后的回忆，当时已经构建起包含文学、电影、戏剧、医疗、学校和教育、出版、广播、艺术创作八个小组共四十人的委员会。这些小组的主要任务被放到了战后，即规划战后新捷克斯洛伐克的国有化问题。各小组都有所行动，例如思考如何避免捷克的文物被运到德国去，起草青年艺术家培训系统的现代化改革方案，构想将来的电影和戏剧的意识形态和组织形态，开展对戏剧、广播、电影、某些医疗机构和制药工业的国有化规划，医生小组开始筹备重组医学教育机构和进行医疗改革的草案，高校小组开始筹备捷克高校改革方案。伏契克还计划重启《创造》杂志，作为知识分子委员会的中央刊物。所有的工作都在推进中，直到4月24日晚上发生的意外。

2 · 《绞刑架下的报告》: 1942—1943*

1942年4月24日晚上，伏契克从地下居所到位于布拉格郊区庞克拉茨区的耶林尼克夫妇家里去碰头，这同时涉及他的两部分地下工作：和克列仓相关的知识分子委员会组建工作，以及和弗里德夫妇相关的地下刊物的印刷工作。由于一系列偶然因素的叠加，在场七人全部被逮捕，送到位于布拉格市中心的保护国盖世太保总部佩切克宫审讯。虽然伏契克随身带着假证件，但第一天夜里其真实身份就已暴露，被指认为捷共核心成

---

* 很长一段时间内，官方把被删改过的伏契克《报告》里的描述当作史实来宣传，同时民间对《报告》这本书的成书及其内容的真实性提出了怀疑。本文中的陈述均是能够查实的部分，由于篇幅限制，不再一一列出来源和对比史实。

员，妻子古斯塔则在自己家中被捕。"加强"审讯后，伏契克被运到布拉格郊区的庞克拉茨监狱，后来因为身体无法承受从市郊到市中心的车辆运输，暂时未能再回佩切克宫受审。

◆ 被捕时随身携带化名教师霍拉克的假证件

等到伏契克再次回到佩切克宫，已经是5月中旬。他见到了包括万楚拉在内的一大群人，这些人正是由他负责组建的知识分子委员会的成员（而且不少是所在小组与克列仓的联络人），

◆ 伏契克和克列仓被捕后的犯人登记照

由此他不得不判断：协助他组建这个委员会、和他一同被捕的克列仓已经叛变。这对于伏契克来说，显然是个巨大的精神冲击。

而背后的发展脉络是：克列仓很早就开始了交代，他的第一份审讯记录长6页，标注时间为1942年4月27日，其中出现了一系列《报告》中提到的人：伊拉斯科娃、克罗巴切克、万楚拉、施蒂赫（当时还不知道他的名字）、瓦茨拉维克（仅仅知道他的化名库德日纳）、教授费博尔、艾尔博、普尔帕诺娃等等。

紧接着，4月29日到5月12日之间，这些人全部被逮捕，此外还要加上克罗巴切克被捕时一道被捕的德沃夏克和米尔特斯，以及被牵连的教授费博尔的儿子。5月4日出现了克列仑的第二份审讯记录，长47页，提到了自己在西班牙的经历，还列出了一系列和伏契克等人的碰头。

◆ 佩切克宫"电影院"

◆ "四〇〇号"

◆ 庞克拉茨监狱267号牢房

如今已经很难查清，伏契克自己在回到佩切克宫之后的表现如何，他什么时候开始交代，具体交代了什么，以及如何发动其他被捕的人打了哪些具体的配合。可以查实的是，他的审讯记录，也是他的法庭卷宗中唯一的一份与自己主要案情相关的审讯记录，标注时间为1942年6月29日。这份卷宗中不仅保存了伏契克和克列仓的审讯记录，还留下了包括万楚拉在内的知识分子委员会相关人员的审讯记录。从中可以看出，所有被捕者均保持坚定的抵抗态度，包括驳回克列仓的指控、掩护其他被捕者、隐瞒合作者，逮捕的圈子没有进一步扩大。

如今也很难查清，伏契克开始交代的真正初衷是什么。可以查实的是，在他的审讯记录标注时间之前，的确像他在《报告》中描述的一样，发生了一起改变许多人命运的突发事件：1942年5月27日上午，由捷克斯洛伐克伦敦流亡政府训练、潜回国内的伞兵在布拉格对保护国最高长官莱因哈德·海德里希执行了刺杀。当天上午布拉格就宣布了戒严，当晚扩大到整个保护国。6月4日海德里希伤重不治，7名行刺者于6月18日全部被消灭。

戒严法庭很快成立并开始宣判死刑，期间在保护国境内共处决了1413名犯人，此外在奥地利的毛特豪森集中营处决了295名捷克犯人。6月9日，由于利吉采村村民被误认为曾给刺杀海德里希的凶手提供帮助，利吉采村被围，当时在村中的173名成年男性于6月10日全部被枪杀，女性被送入集

◆ 1942年6月10日，因被怀疑与刺杀事件有关，利吉采被屠村。

中营，孩子中除被认为适合德意志化的之外，大部分后来死于毒气室。遇害者共计192名成年男性、60名成年女性和88名未成年人。空无一人的村子经历了爆破、纵火，被夷为平地，摄影和录像记录下这些场景。*同样，由于在莱日阿奇村查获了与刺杀相关人员的发报机，33名成年村民全部被枪杀，13名孩子中的11名后来死于毒气室。

　　戒严对于伏契克来说的直接后果，是先前被捕的捷共成员和知识分子委员会成员开始大量被害，同时有更多知识分子正在遭受怀疑，陷入被逮捕的危机。在《报告》手稿的最后几页上，伏契克列出了十个名字："是否逮捕他们正在权衡之间。而逮捕，就意味着必死无疑。"这些人都是捷克当时最著名的文艺人士，包括事实上在给伏契克供稿的奈兹瓦尔和哈

---

* 这也是包括中国在内的社会主义阵营国家的六一国际儿童节的来源。

拉斯，以及伏契克心爱的诗人塞弗尔特。

在此种情况下，伏契克选择开始交代。其审讯记录为德文，A4纸大小，长达87页，第一页上记录着时间：1942年6月29日，最后一页上有签名：伏契克自己和负责审讯他的警官约瑟夫·博姆。在这份记录里，伏契克总共交代了在地下工作里使用过的4个地下联络点、和自己有直接联系的24个人，以及和捷共第二地下中央领导人齐卡等人的大大小小50多次碰头。

以现今可以掌握的历史资料再仔细核查，可以看出：

1. 这4个地下联络点没有任何价值：3个盖世太保已知，最后一个房屋主人潜逃已久。实际上伏契克在地下活动中藏身或使用的地下联络点远远不止这些。

2. 这24个人中仅有两人对盖世太保来说有仔细追查的必要：6人已被第一次或第二次戒严法庭判处了死刑，9人同案盖世太保已知且完全无法抵赖，4人他案在押，还有3个伏契克知道早已潜逃了的人，剩下的仅有两个值得追查 —— 雅罗斯拉夫·贝兰（被标注"可能是扬·切尔尼的化名"，"在逃"）和一位不知姓名的女士（被标注"齐卡的联系人"，"在逃"）。关于这个贝兰，按照伏契克的说法，他是齐卡介绍的朋友，伏契克本人并不确定他的身份，对他和齐卡商定的半开玩笑的碰头方式也并不关心。

然后，还有跑到了莫斯科的高级领导人扬·施维尔玛。伏契克在审讯记录中借齐卡的口，暗示审讯官博姆，施维尔玛可能回到了捷克。还暗示说，摩拉维亚那边可能会派代表过来。施维尔玛回到了保护国吗？摩拉维亚那边会派人过来吗？在重伤的齐卡那里无法得到求证。伏契克有可能接触到施维尔玛吗？这两个人曾在《红色权利报》共事，施维尔玛甚至还是伏契克和古斯塔的证婚人。

负责伏契克案件的博姆向上级提交了申请，先去追查施维尔玛和从摩拉维亚来的联络人。知识分子的事情被暂时搁置到了一边。于是出现了"我们竭尽全力地互相欺骗，不带停顿，但有所选择"，出现了那个"幻影"，出现了"我们曾乘车到布拉尼克区去赴一个假想出来的接头"，以及布拉格城堡前的对话。

一段时间过去了，一无所获。也许博姆后来还是明白了：伏契克编起故事来有一套。但戒严已经结束了，逮捕和处决又重归流程化处理，愿意配合博姆和伏契克对质以便挖掘新情报的人，博姆手上依旧一个也没有。

伏契克在《报告》结尾处列出的知识分子中，无一人遭到逮捕。这些人属于捷克文化圈的精英，其中有不少确实和知识分子委员会或者伏契克负责的地下刊物（《创造》《红色权利报》《1942年春》等）有关。普尔帕诺娃和艾尔博后来均因罪证不足而被释放。根据普尔帕诺娃自己所说，她不承认自己参加了知识分子委员会，而伏契克支持了她的说法，还让警长博姆也相信了这一点。至于伏契克在出版方面的联系和具体工作，其审讯记录中只字未提。

案件的侦查审理过程结束后，伏契克成为佩切克宫的杂役，一直做到1942年底。当时"四〇〇号"东窗事发，在那里做杂役的洛伦茨、内德维德等人的活动被发现（比如偷偷给监狱外面传递消息、通过看守配合把外面的人带进佩切克宫来交流信息以便协同工作等等）。1943年春，伏契克案件相关的许多人（比如耶林尼克夫妇）以及秘密工作被暴露了的杂役（比如内德维德），被陆续运往波兰的奥斯维辛集中营或其他地方。伏契克本人则停留在庞克拉茨监狱，不再去佩切克宫，没有审讯，也没有杂役工作，只是终日待在牢房里。这时他终于决定接受看守科林斯基之前的提议，要写点什么。最开始写的是关于捷克文学的札记，但困难重重，只写几页就放弃了*。然后这位训练有素的记者迅速下了决心，放弃关于捷克文学的写作，改为以"报告"的形式，记录自己过去一年的经历，也就是这本《绞刑架下的报告》。

《报告》最后能够成书并留存下来，离不开两个关键人物：德意志族看守阿道夫·科林斯基和捷克族看守雅罗斯拉夫·霍拉。

---

* 在1943年3月28日给妻子古斯塔的密信里，伏契克写道："因此，我现在正从死神那儿窃取来一点时间，抓紧写一些捷克文学的札记……当然眼下没有任何文献资料，更无从引经据典，要写出一点东西来是不容易的，即或呈现在我眼前的是些活生生的、似乎可以触摸到的东西，对我的读者来说却是模糊和不现实的……你要写有关文学评论、札记一类的东西，而手头上却连一本哪怕只让你瞟上一眼的参考书都没有，这岂非咄咄怪事。"

◆ 审讯结束后，伏契克留在佩切克宫做杂役。
（兹丹涅克·德沃夏克绘，1942 年 11 月 17 日）

早在伏契克被送到庞克拉茨监狱的第一天，科林斯基就注意到了他，很快又受人之托对其施以援手 *。科林斯基接近伏契克，不仅为他提供生活上的帮助，后来还给他提供了写作的可能，但伏契克直到1943年3月底才决定动笔。4月初，科林斯基和庞克拉茨的监狱长保罗·索帕发生冲突，从伏契克牢房所在的二楼被调到三楼，他把照看伏契克写作的任务交给了捷克看守雅罗斯拉夫·霍拉。霍拉给伏契克带来铅

---

* 即《报告》中提到的"总是快活、机灵、不断找到新途径的'图书管理员'施布林格尔"。施布林格尔于 1942 年 2 月 16 日被捕，当时已结束审查阶段，在佩切克宫的"图书部"做杂役。他在战前就认识兄弟俩中的哥哥莱奥波德·科林斯基，被捕后又在监狱里遇见了弟弟阿道夫·科林斯基。施布林格尔战前也认识伏契克。1942 年 4 月 27 日科林斯基当班时，知道了伏契克被捕的施布林格尔请求他对伏契克施以援手。

◆ 阿道夫·科林斯基
（1905—1973）

◆ 雅罗斯拉夫·霍拉
（1913—1995）

笔头和纸，写完的手稿再通过霍拉转交给科林斯基，由科林斯基将其偷带出监狱。

　　总体来说，《报告》的写作条件并不像国内一直以来介绍的那么糟糕，至少不是在"监狱里迭遭刑讯、备受折磨、随时都有被送上绞刑架的危险处境中"写的。按霍拉回忆，当时在二楼当班的是他和被伏契克称为"浪荡子"的扬·霍法尔。他俩各负责半条走廊，而霍法尔几乎不到霍拉这边来。当班的那天，霍拉把纸张交给伏契克。铅笔最初是在写作期间才给伏契克，后来发展到被留在牢房里。写作时，霍拉在走廊上巡查，桌子被拖到牢房中间，伏契克的室友、"老爹"佩舍克在牢门和桌子间踱步，伏契克则在双重掩护下，背朝门而坐写作。只发生过一次意外：有个看守因走错门而突然闯入。

　　虽然伏契克的写作不像之前《报告》版本里介绍得那么困

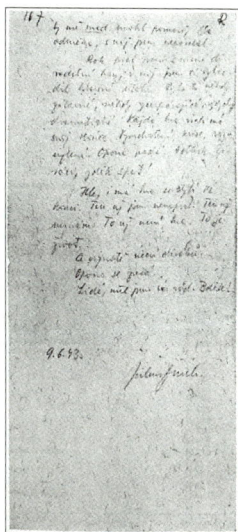

◆《绞刑架下的报告》手稿首页和最后一页

难，但其实这也不是件简单的事情：霍拉并非每天都在当班，两次写作间常常要间隔几天，手稿不能留在牢房里，文本的连续性完全依靠作者的记忆和对全书的规划。《报告》得以成书，要归功于作者多年记者和编辑生涯的历练，能在短短两个月内（实际上用于写作的时间可能只有18天），迅速组织起吸引读者的故事，包括能在6月9日夜里写完最后一整章。全文共167页手稿，仅有少量涂改，每一页右上角都标注了"报告"这个单词的首字母R，最后一页结尾处签署了作者的真实姓名。整个《报告》的手稿风格与伏契克之前的很多手稿风格类似：有单独的首页，标注了时间和地点，每页上都标注了

◆ 伏契克母亲的照片。照片被允许寄给犯人。下面印着"1943年4月30日已审查"。

页码，为了装订方便左侧留出空白。虽然被归类为报告文学，但纪实性明显超过了文学性，对于无法写明的名字，都特意留出了后续可以填入的空格。

这些纸片，除了写于1943年5月19日的那一份（根据霍拉的回忆是78—84页，主要涉及伏契克的遗嘱，这几张手稿由霍拉亲自送到了杂役斯科舍帕的家里），都由科林斯基负责找地方安置。科林斯基最终找到了伊日娜·萨沃德斯卡，她接收了伏契克的手稿，把它们和其他人的手稿一起带到了胡姆波莱茨城她父母那里，封进玻璃瓶，埋到院子里。

1943年6月10日早晨，伏契克、克列仑和露德米拉·普拉哈 * 一同被押往德国，乘火车从布拉格出发，先是被关押在德国边境小镇鲍岑，然后被送到柏林继续关押。8月25日开庭，伏契克和克列仑被判处死刑，送到柏林普鲁岑湖监狱等待处决；普拉哈因为证据不足被"宣判释放"（但她并没有获释回国，而是被送进了柏林附近的拉文斯布吕克集中营）。在普鲁岑湖监狱里，伏契克还得以给家人写了最后一封信，日期

* 即《报告》中的"丽达"。"丽达"是"露德米拉"的昵称。

188

为1943年8月31日。

因为监狱遭到轰炸，死刑提前执行。9月8日清晨，伏契克和克列仓一同被处决。他在监禁期间收到的家人来信，以及获得批准可以带在身边的几张照片，被一同寄了回去。长妹莉布谢

◆ 伏契克的死亡证明

收到了他的死亡证明，但向父母隐瞒了消息。1944年11月，伏契克的母亲去世，此时，她依然不知道自己唯一的儿子真正的命运。

3·两次重见天日：1945—1995

1945年4月底，苏军抵达柏林附近，解放了拉文斯布吕克集中营，伏契克的妻子古斯塔重获自由。5月30日，古斯塔回到了布拉格。她不愿意相信伏契克已被害的消息，于6月9日在《红色权利报》上登出寻人启事。6月12日，工程师弗拉迪米尔·卡兹达给古斯塔寄来了一封信，转告曾和伏契克同囚一室的"老爹"佩舍克告诉他的关于伏契克的情况，其

中就包括伏契克曾在监狱里写东西。6月底，古斯塔在捷共中央《红色权利报》总编办公室里见到了科林斯基，后者给她带来了《报告》的部分手稿。7月初，在科林斯基的协助下，古斯塔集齐了《报告》除第91页 * 之外的全部手稿。同年，《报告》首版发行，在捷克斯洛伐克引起了自发的热烈回应。从1945年到1989年捷共放弃政权前，《报告》在捷克斯洛伐克共出版了38版，还被翻译成80多种语言，在全世界广为传播。

但这背后还藏着一个秘密：这些《报告》其实是经过删改的版本，而且从第一版就开始删改了。除了一些涉及人物（比如最开始古斯塔为了克列仑的家人，把所有出现他名字的地方都换成了化名米列克；以及一些当时尚在甄别中的人物被换成了缩写或者昵称）和民族关系（比如第三章中对苏台德地区德意志人的态度）的部分，最重要的删改是在结尾处。那里删掉了整整三页手稿的内容。这是1943年6月9日，伏契克获知自己第二天就要被押送德国、之后断然没有再继续写《报告》的可能性之后，在一天之内写出来的。在其中他坦然承认，自己"招供"了，并指出了具体的坐标："具体怎样，你们在我那份审讯记录里会找到的。"

这显然是段棘手的文字。它充满着不确定性，破坏了一

---

* 即第五章关于维苏希尔夫妇的那一段，从"战争结束后，她嫁给了佩比克"到"别人无论如何也想不到，这个'铁路上的'善良高个子小职员"。此页手稿被误夹到一本书里，后来由战争期间接收了手稿的伊日娜·萨沃德斯卡亲自送还古斯塔，1947年捷克语第三版中重新加入。

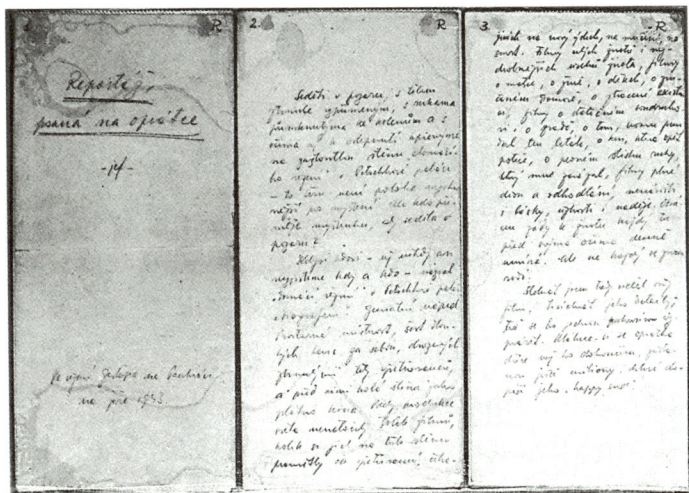

◆ 古斯塔收集齐的《报告》手稿，后来被封在玻璃中保存

个守口如瓶、坚定不移、视死如归的共产党员的理想形象。战争才刚结束，这份审讯记录在哪里呢？它是否在战争末尾和其他许多资料一样被纳粹销毁了？怎么找，以及要花费多大的人力物力和多长时间？如果能找到，它的内容又如何？同案的大部分人都已经不在人间，只活下来四个：被释放了的戏剧演员普尔帕诺娃、评论员艾尔博，以及从集中营返回的丽达和医生施蒂赫，但他们都不是案件的核心人员。案件主审人博姆当时并不在捷克斯洛伐克境内（1945年5月溜去了德国）。捷共当时还不是执政党（直到1948年2月才通过选举获得了执政权）。而在缺乏相关背景资料的情况下，直接将这一段公之于众，又将引起怎样的联想？造成怎样的影响？

而删掉这段话之后，对《报告》和伏契克本人的解读则变得简单起来，不需要考虑他"招供"的事情，《报告》被定位为共产党员如何为民族自由奋斗而作的文献，伏契克被塑造成教科书式完美的英雄，他的事迹在公众领域广泛宣传。与此同时，秘密的消息早已在背后扩散。1945年底，无法在德国生活下去的博姆和妻子试图返回捷克斯洛伐克，就此被国安部逮捕。博姆在1946年5月11日的供词中明确说出："我和伏契克一起编写了长约160页的审讯记录。"伏契克"招供"的事情已经不再是绝对的秘密。

与此同时，民间也产生了自发的怀疑。其中最著名的可能就是米兰·昆德拉了。这位1955年还在写歌颂伏契克的长诗《最后的五月》的青年作家，1967年在小说《玩笑》中借卢德维克之口表达了怀疑："然而没有什么能阻止卢德维克。不，他回答道，那不是驱使伏契克写作的主要原因。主要原因是他的软弱。因为私下表现的勇敢，没有目击者，没有承认，只是面对着自己——这样做需要超乎寻常的尊严和力量。而伏契克却需要一个观众。……他需要把他的单人牢房变成一个舞台，要使他的命运变得可以忍受，就得表演它，描绘它，而不是仅仅经历它！"

在这种情绪化表达之外，还有更多看起来有依据、有逻辑的质疑。比如捷克知名作家和记者、同样曾被关在庞克拉茨监狱的费迪南德·裴娄特卡提出："所有那些在庞克拉茨监狱度过一段时间的人都必然会知道，那里有可能出现一些用铅笔在匆忙之间写下的信件，藏到地板的缝隙里，但不可能出现这种长篇的、系统精练的书。在上万个经历过庞克拉茨监狱生活的囚徒中，无一人能勉强承认存在这种可能。"还有文学批评家、同样参加了知识分子委员会的瓦茨拉夫·切尔尼，他在回忆录中写道："根据《报告》，写作应是从海德里希死后的那次戒严结束一直持续到1943年6月9日，也就是……一整年！在庞克拉茨发生了奇迹。"*

古斯塔显然是知道原文如何的，并且显然也知道伏契克作为一名记者对于真实性有着怎样的追求。她在无人知晓的地方为《报告》全文版现世付出了种种努力。早在1964年，古斯塔就给同样担任伏契克作品集编辑的什托尔写信，表达了这一心愿，并推进到了几乎成功的地步：选题讨论、初步的考证以及要确定出版的校对稿都保存了下来，但原定1965年出版的全文版最终并未发行。随着1968年形势收紧，出版全文版的希望彻底破灭，直到1987年古斯塔去世都未能实现。

---

* 切尔尼应该并未留意《报告》首页上明确写出的时间，也不知道伏契克曾掩护过自己。1942年，在被问到知识分子委员会成员时，伏契克试图用贬低切尔尼的方式来帮他洗脱嫌疑，在审讯记录里留下了这样的表述："克列仓问我，在出版人圈子里是否认识一个叫瓦茨拉夫·切尔尼的人。我表示知道，并对克列仓说，我知道的切尔尼是月刊（批评杂志）的编辑。但我同时还提醒克列仓注意，我并不高兴听到切尔尼的名字，因为我了解的切尔尼是一名特殊的文学家，并不秉持坚定的政治准则。克列仓就此回答说，他也是因此来到我这里寻求关于切尔尼的信息的。"切尔尼的名字也没有出现在知道他参与了地下活动的万楚拉和瓦茨拉维克的审讯记录里。他最终未被逮捕。

很难知道，晚年的古斯塔心境如何。能够知道的是，她竭尽全力收集整理了关于伏契克的材料。她从伏契克的家人那里要来了伏契克的许多照片和伏契克幼年时代的手稿，从伏契克的前任恋人那里要来了伏契克给她的信件，尽管这么做让她和这些人之间的关系更加复杂了。她整理了数量几乎难以置信的证人证词，甚至收集了三十年代警察局追查和逮捕伏契克时留下的档案记录。所有的这些材料她都仔细地分门别类，在她去世后成为伏契克纪念馆然后是工人运动博物馆的档案，并最终并入了民族博物馆的档案馆。

晚年的古斯塔全力守护着伏契克的手稿。写《〈报告〉中的人们》的兹丹涅卡·赫拉比查告诉本文作者，她把《报告》手稿藏在自己家里，谁也不愿意借。但后来为了以伏契克为名的纪念馆，她愿意出借《报告》的手稿。

在2010年出版的、以伏契克为研讨主题的学术会议"尤列克·伏契克，永远鲜活！"论文集中，工人运动博物馆馆长艾利阿绍娃介绍了博物馆的由来以及馆藏的伏契克夫妇遗物，她写到晚年的伏契科娃心有悔意："她心爱的男人被塑造成了教科书式的英雄，也成了许多怀疑和投机活动的靶子，这让她备受煎熬。渐渐地她承认，她觉得自己的许多行为也对此有所影响，要为此负责。第一版《报告》她仔细地誊写了全文，却并未全文出版，六十年代也并未按通告的那样根据原手稿出版全文，她为此叹息。"

1989年秋，东欧剧变，伏契克在公共领域里的地位急转

直下。伏契克纪念馆被关闭，以他命名的街道、公园、地铁站大多被改名，他的雕像被搬走，有些甚至沦落到了要被卖掉的地步。就在这样几乎是毫无希望的境地下，出现了真正的转机。曾经的抵抗运动史专家弗朗基谢克·雅纳切克和他的团队迅速展开了对《报告》手稿及其相关事件真实性的研究。1990年8月16日，《人民报》登出了访谈《纸造的雕像》，雅纳切克在其中公开了团队对《报告》的初步研究结果，包括确定手稿是真的但内容被删改，讨论了伏契克和克列仑的关系，并宣布了团队正在筹划全文评注版的消息。

1995年夏，评注版问世，这是《报告》的捷克语第四十版，也是第一个和至今唯一一个全文评注版。这版《报告》公开了许多之前公众无法获得的信息。为出版这本书，两位作者——弗朗基谢克·雅纳切克和阿伦娜·哈伊科娃——收集梳理了大量档案、书籍、访谈记录，采访了仍活着的证人（霍拉、普拉哈等），留下了近两万页文档，最终形成对《报告》内容的160条注释。这才是伏契克《绞刑架下的报告》真正的重见天日。他们告诉世人："伏契克某些交代和行为方式的出发点是试图挽救当时还能挽救的人和事 …… 为了让对捷克文化圈某些杰出代表人物的逮捕不至于发生。在此意图下他直接或间接地去影响审讯官博姆的行为，并多多少少成功了。"他们基于大量的事实得出了结论："许多事情确实另有真相，但绝对不是完全相反。"

1995年底，雅纳切克心脏病突发去世。计划中包含《报告》全文复印件和对伏契克审讯记录评注的第二个评注版未能实现。第二作者哈伊科娃虽然仍在发表文章，对抗仍未停止的对伏契克的诽谤，但奈何年事渐高。

不过，对伏契克的研究并未停止。2007年，奥托出版社出版了《报告》的第四十一版，包含全部手稿1:1复印件。2008年，捷克科学院捷克文学所举行了学术会议"尤列克·伏契克，永远鲜活！"。2010年，霍斯特出版社发行了此次会议的论文集，其中包含伏契克审讯记录的捷克语全文翻译，以及95评注版第一作者雅纳切克的儿子巴维尔·雅纳切克所写的《"为了把这事拖久一些 ……"（就伏契克审讯记录的策略问题）》，终于完成了伏契克"招供"的评注。

可惜的是，我国曾出版过的所有《报告》全译本，从其前言后记来看，很可能均基于奥列格出版社的1994版《报告》，即捷克语第三十九版，一个由捷克伏契克协会推进发行的"先发版"。其出版说明中写到根据作者手稿恢复了先前被删改的

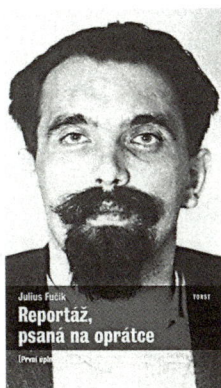

部分，并用粗体标出。遗憾的是，此版本出自非专业人士之手，不仅存在大量拼写和格式错误，其后记中甚至还有一些较为严重的史实错误。比如写到在已经出版的31个捷克语版本中（实为38版）："出版社根据作者的遗嘱进行了几次修改。在这一版里，我们把《报告》原来省略的段落以及后来又发现的三张手稿一一补充了进去。"在95评注版问世之后我们知道，最后三张手稿在1945年捷克语第一版前就已到了古斯塔手上，而删改早在第一版就进行了。作者的遗嘱就在《报告》正文中，其中

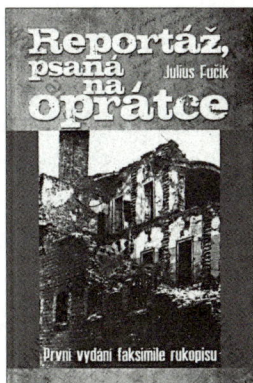

何曾提到允许后人对其文字进行修改？

很遗憾，由于种种历史条件所限，国内《报告》译者很难获得相关信息和资料，可能一直不知道95评注版的存在，因此未能还原《报告》原貌。2007年，本文作者前往欧洲，在工作之余用十年时间逐渐了解并厘清了背后的真相。2025年，以纪念反法西斯战争胜利八十周年为契机，这本新的《报告》终于来到了你的面前。

关于伏契克，如果你想更多地了解他，国内出版过他的传记《为欢乐而生》（从俄语转译），古斯塔撰写的关于他的回忆录《回忆尤利乌斯·伏契克——纳粹占领期间》、《回忆中的永恒》（从俄语转译），还有《尤利乌斯·伏契克日记论文书信集》（从日语转译）、《伏契克文集》（从俄语转译），以及一本《尤利乌斯·伏契克画传》。《报告》首位捷克语译者蒋承俊女士也曾翻译过他的某些文章和书信，散见于之前若干版本的《报告》中。学术会议"尤列克·伏契克，永远鲜活！"的论文集主编博德哈伊斯基也正在筹划新的伏契克作品集。将来也许还会有更多他的作品和关于他的故事被介绍到中国。

译者

2025 年 7 月 10 日

◆ 伏契克从普鲁岑湖监狱寄出的最后一封信

写信人

尤利乌斯·伏契克

柏林－普鲁岑湖
1943 年 8 月 31 日
国王坝街 3 号

　　我亲爱的人们 —— 你们也许已经知道了，我换了住址。8 月 23 日，我正在鲍岑等着你们的来信 —— 等到的却是去柏林的传票。8 月 24 日我就已经坐车经过了格尔利茨和科特布斯，8 月 25 日早晨开庭，到中午就已经完毕了。结果就和意料中的一样。现在我和一个同伴坐在普鲁岑湖的牢房里，糊着袋子，唱着歌，等待轮到我们的时刻。还剩下几个星期，有时也可能剩下几个月。希望就像树叶一样轻轻地、慢慢地飘落。看着叶子飘落，诗意的心灵有时会感到伤感。但树木并不会痛苦。这一切都是那么自然而然。人为了冬天做准备，就像树一样。请相信我，没有什么，绝对没有什么能夺走我内心的欢乐，它每天都以贝多芬的某段旋律奏响。人并不会因为被砍掉头颅而变得渺小。我衷心地希望，当一切都结束了之后，你们想起我时，不要感到悲伤，而是满怀欢乐，就像我曾一直欢乐地生活那样。（被审查涂去）这不过是些想法，我知道，你们可能得一切都自己去干了。但假如你们没干成，千万别绝望，也别苦恼。每个人身后的门总有一天要关上。至于爸爸那边，请你们考虑是否要告诉他，或者怎么暗示他一下。他上了年纪，也许还是不要增加他的负担为好。请你们自己决定，现在你们和他、和妈妈都更近一些。请你们写信告诉我，古斯蒂娜怎样了，请你们向她传达我最诚挚的问候。愿她一直坚强勇敢，愿她不要怀着我一直感受到的那伟大的爱情，孤身下去。她的内心还年轻，情感丰富，她无权一直守寡。我活着的时候希望她幸福，我希望，没有我的日子里，她仍然能幸福。她会说，这是不可能的。但这是可能的。每个人都是可以被代替的。在工作中是，在感情上也是。但这些现在还不要写给她。等她回来再说，如果她还能回来的话。现在你们也许想知道（毕竟我了解你们），我日子过得怎么样。我过得很不错。就算是在这里，我也有活儿干，有书，有报纸。此外，牢房里还不止我一个人，就这样时光在流逝……按我同伴的说法，流逝得已经太快了。这里的人们对人态度很和善，就像我在德国待过的所有其他地方一样。比如说在鲍岑的时候，每周都有从家乡寄来的包裹，里面是能长途运输的日常所需（面包、糖、苹果、熏肉等）。虽然不能明文规定，但每个人都被告知可以如此。你们知道，我心中从来就没有针对德意志民族的仇恨，我在这里的经历只是让我确信，他们的好心肠并没有消失。不过，现在还是战争时期。（被审查涂去）现在，我亲爱的人们，热烈地亲吻你们、拥抱你们 —— 尽管此时此刻这听起来有点奇怪 —— 再见！

你们的尤拉